청소년이 알아야 할
5가지 사랑의 언어

A TEEN'S GUIDE TO THE 5 LOVE LANGUAGES®
by Gary Chapman

This book was first published in the United States by Moody Publishers, 820 N. LaSalle Blvd., Chicago, IL, 60610,
with the title *A Teen's Guide to the 5 Love Languages*
Copyright © 2016 by Gary D. Chapman
All rights reserved.

Korean Edition published by Word of Life Press, Seoul 2017
Translated by permission.
Printed in Korea.

청소년이 알아야 할
5가지 사랑의 언어

ⓒ 생명의말씀사 2017

2017년 7월 10일 1판 1쇄 발행
2025년 9월 15일　　　　 6쇄 발행

펴낸이 | 김창영
펴낸곳 | 생명의말씀사

등록 | 1962. 1. 10. No.300-1962-1
주소 | 서울시 종로구 경희궁1길 6 (03176)
전화 | 02)738-6555(본사) · 02)3159-7979(영업)
팩스 | 02)739-3824(본사) · 080-022-8585(영업)

기획편집 | 정설아
디자인 | 김혜진, 윤보람
인쇄 | 영진문원
제본 | 보경문화사

ISBN 978-89-04-23018-1 (03230)

저작권자의 허락 없이 이 책의 일부 또는 전체를
무단 복제, 전재, 발췌하면 저작권법에 의해 처벌을 받습니다.

청소년이 알아야 할
5가지 사랑의 언어

게리 채프먼·
페이지 헤일리 드리가스 지음
최재웅 옮김

이 세상을 더 나은 곳으로
만들고 싶은 모든 청소년에게
이 책을 바칩니다.

이 책을 향한 찬사의 글

『청소년이 알아야 할 5가지 사랑의 언어』는 훌륭하게 쓰였고, 이해하기 쉬워요. 인간관계에 적용하기도 쉽고요. — 잭(16세)

사랑을 주고받는 법을 이해하는 것은 건강한 관계의 기본입니다. 내가 십대였을 때 이런 책이 있었다면 정말 좋았을 텐데……. 20대인 나에게도 이렇게 큰 도움이 되는데, 청소년 시절 내 관계에는 어떤 긍정적인 영향을 끼칠 수 있었을지 상상해 볼 따름입니다. 게리 채프먼은 이해받고 소통하고 싶어 하는 우리의 욕구를 잘 다루고 있습니다. 그의 깊은 통찰력이 돋보이는 책이지요. 청소년에게 매우 실용적이고 공감이 되는 내용입니다. — 캐서린(23세)

이 책을 통해서 나의 관계에 대해 더욱 잘 이해하게 되었어요. 어떤 친구와 친해지고 싶어서 이 책을 활용했는데, 덕분에 그 친구와 단짝이 되었어요. — 멜라니아(16세)

이 책은 나의 사랑의 언어가 무엇인지 알게 해주었어요. 사랑의 언어를 이해함으로써 다른 사람들에게 사랑을 더 잘 표현하는 방법에 대해서도 알게 해주었고요. 읽기에도 참 쉬웠답니다. — 루크(13세)

교사로서 대인 관계를 다루는 단원에서 이 책을 활용할 수 있어 정말 좋습니다. 학생들의 삶에 큰 영향을 줄 것이라고 믿어 의심치 않습니다. 학생들이 바로 적용하고 삶의 자산으로 삼을 수 있는 내용입니다.   – **메리**(27세)

이 책은 나 자신뿐 아니라 형제자매와 친구들의 성격도 확실히 이해하게 해주었어요. 주위 사람들에게 사랑을 표현하는 매우 실용적인 방법을 찾게 되었어요.
    – **레베카**(17세)

이 책에 별 5개를! 정말 엄청나게 유용해요! 부모님과 나의 사랑의 언어가 무엇인지 배우고 나서, 우리는 서로를 더 잘 보살피고 사랑을 더 잘 표현할 수 있는 방법을 알게 되었어요. 이 책은 청소년들이 깊이 공감할 수 있는 이야기와 예시를 통해 각 사랑의 언어를 아주 자세하게 설명해 줘요. 좋은 친구, 좋은 아들딸, 좋은 형제자매, 좋은 학생이 되고 싶은 모든 사람에게 이 책을 추천합니다.
    – **한나**(15세)

『청소년이 알아야 할 5가지 사랑의 언어』는 아주 훌륭한 책이에요. 친구, 가족, 나 자신에 대해 배울 수 있거든요. 이 책이 쓰인 방식이 마음에 들어요. 짧고 쉽지만 많은 정보를 얻을 수 있었어요.   – **마케일라**(18세)

차례

들어가는 글   10

01 얼마나 많은 언어를 사용하는가?   · 13
02 사랑의 언어 #1 인정하는 말   · 27
03 사랑의 언어 #2 함께하는 시간   · 45
04 사랑의 언어 #3 선물   · 63
05 사랑의 언어 #4 봉사   · 75
06 사랑의 언어 #5 스킨십   · 89

A TEEN'S GUIDE TO THE
5 LOVE LANGUAGES

07 제1의 사랑의 언어 발견하기 · 103

08 가족 관계 회복하기 · 115

09 분노와 사과 · 127

10 사랑은 선택이다 · 143

부록 1_ 사랑의 언어 Q&A   152
부록 2_ 5가지 사랑의 언어 검사   160
감사의 글   166

들어가는 글

　이 책은 상식적이면서도 심오한 내용을 담은 책입니다. 매우 간결해 보이지만, 여러분의 인생을 바꿀 만큼 중요한 책이 될 수도 있습니다.
　그래서 '5가지 사랑의 언어'가 놀라운 것입니다. 이 책을 읽다 보면 고개를 끄덕이며 이런 생각을 하게 될 것입니다. '그래, 이 말이 다 맞아. 왜 전에는 이런 생각을 못 했지?' 지금까지 수백만 명의 사람들이 그랬던 것처럼, 이 간단한 개념이 여러분의 인간관계를 바꿀 수 있다는 사실을 발견하게 될 것입니다.
　5가지 사랑의 언어를 배우면 앞으로 어떻게 될지 상상해 보세요.

- 친구들과 더 돈독해진다.
- 부모님과 더 잘 소통하게 된다.
- 형제자매와 더 가까워진다.
- 덜 어색하고 덜 혼란스러운 이성 교제를 하게 된다.
- 훗날 건강한 결혼 생활을 하게 된다.
- 인간관계의 특성과 인간의 동기를 더 명확하게 이해하게 된다.
- 많은 갈등과 불화, 고민과 스트레스를 피할 수 있게 된다.

5가지 사랑의 언어의 핵심 개념은 이렇습니다. '**우리는 모두 이해받고 사랑받기 원한다. 이것은 보편적이다. 그러나 사랑받기 원하는 방법은 저마다 다르다.**' 페퍼로니 피자, 아이폰, 프라푸치노, 인스타그램과 같은 이 세상 최고의 다른 발명품들처럼, 5가지 사랑의 언어도 직관적이고, 명확하며, 삶을 변화시킵니다.

자, 이제 읽을 준비가 되었나요?

― 페이지 헤일리 드리가스

A TEEN'S GUIDE TO THE
5 LOVE LANGUAGES®

01
얼마나 많은 언어를 사용하는가?

드류와 에밀리는 함께 있을 때 정말 행복해 보입니다. 그런데 이런 상태가 얼마나 오래갈까요? 아직 판단하기에는 너무 이릅니다. 사귄 지 열 달째를 기념하는 날, 에밀리는 드류의 가장 좋은 점 10가지를 목록으로 작성한 다음, 다정한 말을 가득 담아 정성스럽게 책을 만들었습니다. 이 프로젝트를 위해 에밀리는 정말 많이 노력했습니다.

드류는 에밀리를 위해 가장 기억에 남았던 10번의 데이트를 꼽아 각각의 데이트를 기념할 수 있는 작은 선물 10가지를 준비했습니다. 애틀랜타 브레이브스(미국 조지아 주 애틀랜타를 연고지로 하는 프로 야구팀-역주) 팀 깃발, 세라믹 젓가락 세트, 특이한 무릎 양말, 그리고 등산할 때 쓸 수 있는 호신용 스프레이 등 10가지 선물을 고르기 위해 드류는 많이 고민했습니다.

그런데 드류와 에밀리 모두 실망하고 말았습니다.

왜 그럴까요? '인정하는 말'에 이끌리는 에밀리는 드류를 향한 사랑을 인정하는 말로 표현했습니다. 드류는 '선물'에서 의미를 찾기 때문에 에밀리에게 선물로 사랑을 표현했습니다. 에밀리와 드류 모두 서로를 기쁘게 해주고 싶었지만 상대방의 언어를 사용하지 못한 것이지요. 아무리 많은 노력을 쏟아도 상대방은 사랑을 느끼지 못할 수 있습니다.

이제 드류와 에밀리는 새로운 언어를 배워야 합니다.

여러분은 지금 외국어를 배우고 있나요? 아마 프랑스어 동사 변형을 외우려고 애쓰고 있거나, 스페인어 회화 연습을 하고 있을지도 모르겠습니다. 열정이 넘쳐 여러 개의 언어를 배우려는 학생도 있을 것입니다.

외국어 공부는 쉽지만은 않습니다. 그런데 여러분이 2가지 언어를 사용하는 집에서 자랐다고 상상해 보십시오. 2가지 언어를 쓰는 것이 마치 숨 쉬는 것처럼 자연스러울 것입니다. 아니면 고등학교에 들어와서 스페인어를 배우기 시작한 것이 아니라, 유치원에 다닐 때부터 배웠다고 상상해 보십시오. 선생님과 매일 30분씩 스페인어로 이야기하면서 말입니다. 그랬다면 마치 스펀지가 물을 빨아들이듯 언어를 습득하여, 지금쯤이면 아주 유창한 수준일 것입니다.

새로운 언어를 배우려면 시간과 노력을 들여야 합니다. 인내심도 가져야 합니다. 프랑스어 교재를 베개 삼아 하룻밤 자고 일어난다고 해서 바로 프랑스어로 생각할 수 있게 되지는 않겠지요?

익숙하지 않은 사랑의 언어를 배울 때도 마찬가지입니다. 우리는 우리의 두뇌를 훈련해야 합니다. 사랑의 언어를 구사하는 것은 저절로 이루어지는 일이 아닙니다. 긍정적으로 사고한다고 해서 해결될 일도 아닙니다. 사랑의 언어를 유창하게 구사하지 못하면 우리가 맺고 있는 관계는 고통받을 수밖에 없습니다. 친구, 부모님, 형제자매, 여자 친구/남자 친구, 선배 등 가장 가까운 사람들과 마찰을 일으키게 되지요. 무슨 말인지 이해되나요? 사랑의 언어를 유창하게 구사하지 못하면 심한 마찰이 일어나지만, 유창하게 구사하면 마찰이 덜 일어나는 것입니다. 이는 사는 내내 스트레스의 원인이 될 수도 있고, 향상된 관계를 맺을 엄청난 기회가 될 수도 있습니다.

이제 새로운 언어를 배울 때입니다.

5가지 감정 언어

선생님이 책을 읽고 논지를 찾으라고 할 때가 있습니다. 엄청난 고난도의 보물찾기처럼 말이지요. 수년간 상담을 하며 얻은 경험에 비추어, 나는 이 논지를 반짝이는 크리스마스 불빛 안에 넣어서 보여 주려고 합니다.

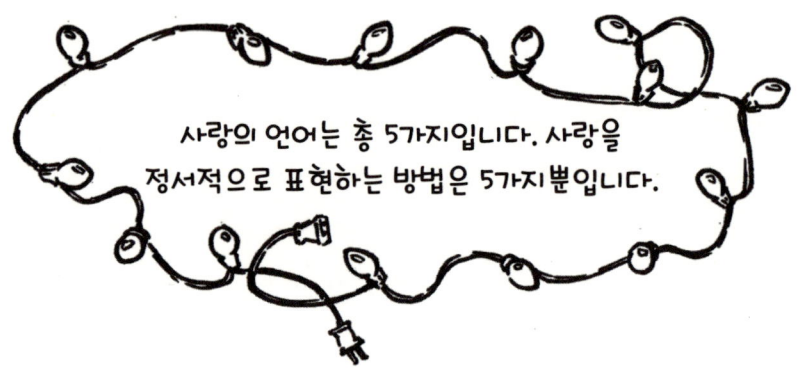

다음 장부터는 5가지 사랑의 언어를 하나씩 살펴볼 것입니다. 5가지 사랑의 언어 중에는 각 사람의 주된 사랑의 언어, 즉 제1의 사랑의 언어가 있습니다. 5가지 언어 중 한 가지가 나머지 넷보다 우리 마음속을 더 깊이 파고듭니다. 이 제1의 사랑의 언어는 헌신과 애정을 마음속 깊숙이 받아들여 우리가 진정으로 사랑받는다고 느끼게 해줍니다. 물론 우리는 5가지 언어 모두로 사랑을 받을 수 있지만, 제1의 사랑의 언어를 받지 못하면 상대가 나머지 네 언어로 사랑을 말한다고 해도 사랑받지 못한다고 느낄 것입니다. 반대로 상대가 나의 제1의 사랑의 언어로 충분하게 사랑을 표현한다면 나머지 네 언어는 그야말로 금상첨화가 될 것입니다.

올바른 언어로 사랑을 표현하기

우리는 본성적으로 자신의 사랑의 언어로 말합니다. 바로 이것이 문제입니다. 즉, 우리는 자신에게 사랑을 느끼게 해주는 언어로 다른 사람에게 사랑을 표현합니다. 그러나 그것이 상대의 주된 사랑의 언어가 아니라면, 그들이 느끼는 바는 우리의 의도와 다를 것입니다.

이는 마치 아무것도 모르고 해외에 나간 관광객과 같은 상황입니다. 모국어밖에 말할 줄 모르면서 "외국인"들과 소통하기 위해 천천히 큰 소리로 말하는 것이지요(따지고 보면 그 관광객이야말로 외국인입니다). 크게 소리치면 무언가 달라질 것처럼 말입니다. 정말 안타까우면서도 우스꽝스러운 광경입니다.

정서적 소통에서도 이 같은 일이 항상 일어납니다. 여러분의 언니(혹은 누나)의 사랑의 언어가 봉사라고 합시다. 언니는 여러분을 위해 봉사할 방법을 꾸준히 찾고 있습니다. 피자를 먹을 때는 가장 큰 조각을 여러분에게 주고, 빨랫감을 대신 옮겨 주며, 숙제를 도와주느라 늦게까지 잠을 자지 않습니다. 반면, 여러분의 사랑의 언어는 인정하는 말이라고 합시다. 여러분은 언니에게 격려의 메시지를 보내거나 친구들에게 언니를 칭찬하는 말을 합니다. 언니도 여러분도 서로를 사랑하지만, 각자 자기의 언어로 사랑을 표현합니다. 서로 소통하지 못하고 있는 것이지요! 그런데 만약 여러분이 어느 날 언니 방에 청소기를 돌려 준다면, 언니는 그것을 훨씬 더 의미 있게 느낄 것입니다.

이러한 장면은 수많은 관계에서 되풀이되고 있습니다. 각 사람은 자신의 언어로 사랑을 말하면서 상대가 사랑받지 못한다고 느끼는 이유를 이해하지 못합니다. 상대에게 사랑을 느끼게 하고 싶다면, 상대의 주된 사랑의 언어를 발견하고 그 언어로 말하는 법을 배워야 합니다.

열심만으로는 안 됩니다. 더 효율적으로 노력하여 상대가 자연스럽게 이해할 수 있는 언어로 사랑을 표현해야 합니다.

논리가 통하지 않는 영역

이론적으로는 제1의 사랑의 언어가 같은 사람끼리 끌릴 거라고 생각할 수 있습니다. 봉사가 사랑의 언어인 사람은 봉사가 사랑의 언어인 사람과 만나고, 함께하는 시간이 사랑의 언어인 학생은 모두 수영부에 들어가려고 한 적이 있을 거라고 추측할 수 있습니다(함께 연습하기 위해 시간을 낼 사람들이니까). 아니면 스킨십에 익숙한 가족은 서로를 끌어안고 다닐 거라고 상상할 수도 있습니다. 비슷한 관심사나 공통점을 가진 사람들은 사랑의 언어도 같아, 평생 편안하고 자유롭게 사랑을 전할 수 있을 거라고 속단할 수도 있지요.

여러분의 가족, 친구 관계, 그밖에 다른 관계들은 이런 논리로 돌아가는 것 같나요? 그렇지 않을 것입니다. 우리는 그들이 우리와 관계 맺고 있는 사람들이기에 사랑하는 것입니다.

여러 사람이 모인 곳에는 사랑의 언어도 여러 개가 존재합니다. 인정하는 말이 사랑의 언어인 친구가 선물이 사랑의 언어인 친구에게 끌립니다. 함께하는 시간이 사랑의 언어인 사람이 스킨십이 사랑의 언어인 사람과 결혼합니다. 놀랍게도 그들의 자녀들도 저마다의 사랑의 언어가 있습니다.

그러다가 서로 간에 점점 언어 장벽이 생기게 됩니다.

서로 공통된 사랑의 언어를 구사하는 사람들도 사랑의 언어를 표현하는 데 많은 방법이 있다는 사실을 알게 됩니다. 사랑의 언어에 이어 방법까지 똑같이 구사하는 사람들은 없습니다. 그 누구도 서로 같은 방식으로 사랑을 표현하지 않습니다.

이것이 실패하기 딱 좋은 조건이라고 생각됩니까? 아니면 "반대에게 끌린다"는 말이 맞다는 증거 같습니까? 관계의 다양성은 우리를 강하게 하고, 삶을 흥미롭게 합니다. 친구들이 여러분과 똑같은 생각을 하고 똑같은 취향을 가졌다면 얼마나 지루하겠습니까? 언어 장벽이 반드시 관계를 방해하는 것은 아닙니다. 프리미어리그나 북미아이스하키리 그(NHL)에서 우수한 성적을 거두는 팀에서도 팀원들 간에 언어 장벽이 있습니다. 그들 사이에서도 최소한 3개 이상의 언어가 사용됩니다. 하지만 이런 팀에 속한 선수들은 반드시 의사소통 방법을 찾아냅니다. 여러분도 할 수 있습니다.

모든 인간관계에 적용되는 5가지 사랑의 언어

우리는 관계를 맺으며 살아가는 존재입니다. 그 관계들이 얼마나 깊이 있는가, 이것이 문제입니다. 긍정적인 관계는 큰 만족감을 주지만, 부정적이고 소모적인 관계는 깊은 고통을 안겨 줍니다. **인생 최대의 행복은 좋은 관계에서, 가장 큰 고통은 나쁜 관계에서 얻게 된다고까지 말할 수 있을 듯합니다.**

5가지 사랑의 언어는 모든 인간관계에 적용됩니다. 부모가 자신을 사랑하지 않는다고 느끼는 사람들이 있습니다. 그들의 부모가 그들을 사랑하지 않아서가 아니라 그들의 주된 사랑의 언어로 말하는 법을 배우지 못했기 때문입니다. 스포츠팀에서 스트레스를 받는 사람들이 있습니다. 실력이 부족해서가 아니라 팀원들에게 감사를 표현하는 법을 배우지 못했기 때문입니다. 그들은 자기도 모르는 사이에 팀원들과 감독에게 이런 메시지를 전하고 있는 셈입니다. "나는 당신들이 필요하지 않습니다. 당신들은 나에게 아무런 가치가 없습니다." 그 결과 관계에 긴장이 생기고 팀이 성공하지 못하게 됩니다. 친구 사이를 유지하지 못해 어려움을 겪는 사람들도 있습니다. 친구들이 그들과의 관계에서 사랑받고, 인정받고, 이해받는다고 느끼지 않기 때문입니다.

다른 사람이 이해할 수 있는 언어로 사랑과 감사를 전하는 일은 모든 인간관계를 개선하는 열쇠입니다.

앞으로 나올 내용을 읽고 5가지 사랑의 언어에 담긴 원리들을 적용한다면, 여러분의 모든 인간관계가 더 잘 풀릴 수 있을 것입니다. 이 원리들은 내가 상담실에서 수백 명의 사람에게 소개한 진실입니다. 나는 그들에게 이 원리들이 효과가 있었던 것처럼 여러분에게도 효과가 있을 거라고 믿습니다.

부모와의 관계

모든 관계는 부모와의 관계를 토대로 형성됩니다. 우리는 부모와 본능적이고 원초적인 유대 관계를 맺습니다. 어머니의 사랑을 느낀다면 어머니와의 관계에서 위로와 격려를 얻을 것입니다. 그러나 어머니와의 관계에 금이 갔다면 버림받은 느낌을 받게 될 것입니다. 어머니에게 학대받았다면 상처와 분노, 어쩌면 증오까지 느낄 가능성이 큽니다.

부모의 사랑을 받지 못한 자녀들은 다른 관계에서 사랑을 찾으려 하게 됩니다. 그러나 이러한 추구는 방향을 잘못 잡아 더 큰 실망으로 이어지는 경우가 많습니다.

모든 관계의 근원은 부모와의 관계입니다. 부모와의 관계는 다른 모든 관계에 긍정적이거나 부정적인 영향을 끼치므로 그 관계가 어떠한지 살피는 것이 매우 중요합니다.

사랑 vs. 낭만적 사랑

5가지 사랑의 언어에 담긴 원리들은 (현재의, 건강한, 죽어 가는, 존재하지 않는, 미완의, 미래의, 즉 모든 경우의) 연인 관계에도 적용됩니다.

우리 문화는 낭만적 사랑에 중독되어 있습니다. 이 말이 믿기지 않는다면 노래를 듣거나 영화를 보십시오. 그러나 그러면서도 우리는 사랑에 대해 아주 무지합니다. 우리는 사랑이 그냥 찾아온다고 믿고 있습니다. 아주 단순한 관점이지요. 우리는 낭만적 사랑의 실체에 대해 현실적이고 견고한 관점을 가져야 합니다.

낭만적 사랑의 첫 번째 단계는 사랑에 빠지는 도취 단계입니다. 이 사랑의 초기 단계는 1-2년 정도 유지되며, 이 단계 동안에는 사랑에 빠진 상대가 완벽해 보입니다. 최소한 나에게는 완벽하다는 환상을 갖게 되지요. 친구들에게 보이는 그 사람의 결점이 나에게는 보이지 않는 것입니다. '그 사람 없이는 절대 행복할 수 없을 거야. 그 사람 말고 다른 건 그다지 중요하지 않아.' 이런 생각에 빠져 상대방과 함께하기 위해서라면 좋아하는 일도 기꺼이 포기합니다. 사랑의 이 단계에서 우리는 생각하기보다는 느낍니다. 상대방에게 자석처럼 이끌리고, 평생 행복하게 살 수 있을 거라고 믿습니다. 이 단계에서는 별다른 노력이 필요하지 않습니다. 노력하지 않아도 자연스럽게 사랑에 빠지기 때문입니다.

하지만 낭만적 사랑에는 다음 단계가 따릅니다. 첫 단계의 황홀감이 사라지면 이제 장기적 관계를 누리기 위해 진정한 노력과 정성을 기울여야 합니다. 5가지 사랑의 언어는 사랑에 빠진 단계 이후에도 사랑의 감정을 유지하는 법을 알려 줍니다.

  이 두 번째 단계에서는 도취 상태가 사그라지고 상대가 완벽하다는 환상에서 벗어나게 됩니다. 그리고 서로의 차이점이 극명하게 드러납니다. 인정하는 말이 사랑의 언어인 사람이 인정하는 말로 사랑을 표현할 때, 선물이 사랑의 언어인 상대는 정성 어린 선물을 잔뜩 안겨 줍니다. 사랑받는다고 느끼지 못한 두 사람은 정서적으로 멀어집니다. 그러면서 각자의 '사랑 탱크'(진정으로 사랑받고, 인정받고, 이해받고 있다는 느낌으로 채워지는 저장고)가 바닥나기 시작합니다. 오래된 관계에서 종종 발생하는 일이지요. 어떤 커플은 흐지부지해진 관계에 실망하면서도 조금이라도 남아 있는 애정을 붙듭니다. 어떤 커플은 채워지지 않은 욕구를 그대로 내버려 두었다가 결국 충돌합니다. 서로를 원망하며 침묵 속에서 고통받는 커플도 있습니다. 자신과 맞지 않는 사람이지만 돌이킬 방도가 없다고 믿고 있는 커플도 있습니다.

  이렇게 엉망진창이 된 관계가 다시 회복될 수 있을까요? 물론입니다. 다만 상대가 이해할 수 있는 언어로 사랑을 표현하는 법을 배워야만 가능합니다. 사랑을 유지하려면 부단히 노력해야 합니다. 의지를 가지고 의식적으로 사려 깊은 선택을 해야 하지요. **사랑은 느낌이 아닙니다. 행동입니다.**

  '사랑'이라는 단어는 명사가 될 수도('사랑'에 빠졌다), 동사가 될 수도(서로를 '사랑한다') 있습니다. 이 책에서는 사랑을 표현하고 받는 것, 다른 사람을 위해 무언가를 하는 행동으로서 다룰 것입니다. 사랑에 대한 현실적인 기대를 품고 사랑을 표현하는 연습을 한다면, 현재와 미래의 모든 관계가 풍요로워질 것입니다.

사랑 탱크 : 진정으로 사랑받고, 인정받고, 이해받고 있다는 느낌으로 채워지는 저장고

힘든 상황 속에 기회가 있다

처음부터 전부 다 다시 시작하는 것 같아도 괜찮습니다. 지금까지 맺어 온 관계에서 나쁜 습관이 들었다면 몇 가지를 고쳐야 할 수도 있습니다. 처음에는 그 과정이 어색하게 느껴질 수 있습니다. 봉사가 사랑의 언어인 사람이라면 누군가에게 함께하는 시간이라는 사랑의 언어를 구사하는 일이 처음에는 부자연스럽고 억지스럽게 느껴질 수 있습니다. 하지만 그런 상황도 조금씩 바뀌게 됩니다. 적절한 태도를 갖추고 연습을 반복하다 보면 관계가 발전하는 모습을 보게 될 것입니다. **사랑의 언어를 배움으로써 사랑하는 사람들의 삶을 계속해서 변화시킬 수 있는 것입니다.**

'5가지 사랑의 언어'에 관한 오늘의 정보

1. 상쾌하게 출발하세요.
어제는 실패했나요? 오늘은 새로운 날입니다. 마음의 여유를 가지고 다시 시작하세요.

2. 새로운 시선이 필요해요.
여러분의 관계를 새로운 시선으로 바라보세요. 다른 사람들이 무엇을 필요로 하는지 진실하게 들여다보세요. 사랑을 표현할 새로운 기회를 찾으세요.

3. 시도하세요.
새로운 것, 색다른 것을 시도해 보세요. 창의적으로 생각하세요. 어제는 A에 성공했다면, 오늘은 B나 C도 섞어서 해보세요.

4. 배움의 자세를 가지세요.
자신만만한 사람은 자기가 이미 관계 전문가라고 생각합니다. 겸손한 사람은 건강한 관계를 맺기 위해 조언을 구하며 끊임없이 배우려고 합니다. 배움에 늘 열린 자세를 가지세요!

5. 인내하세요.
첫 시도에 성공하지 못했다고 포기할 건가요? 안 됩니다! 여러분의 관계는 소중합니다. 계속 시도하며 발전해 나가세요. 삶이란 거친 여정입니다.

■ 생각해 보세요

1. 우리 문화에서 '사랑'이란 말은 종종 그 의미를 잃을 때가 있습니다. 가장 깊은 유대감을 나타내는 이 말을 맛있는 와플이나 좋아하는 야구팀에 대해 이야기할 때 똑같이 쓰기도 하지요("와플 정말 사랑해! ○○야구팀은 사랑입니다."). 나는 사랑을 어떻게 정의하나요?

2. 사랑은 명사보다 동사로서 잘 이해할 수 있습니다. 그 이유는 무엇일까요?

3. 내가 맺고 있는 관계 중 누구와의 관계가 건강하다고 생각하나요?

4. 누구와의 관계가 회복되길 원하나요?

5. 엄마, 아빠와의 관계를 어떻게 설명할 수 있나요? 부모님과의 관계가 내가 맺고 있는 다른 관계에 어떤 영향을 주고 있나요?

6. 5가지 사랑의 언어를 배우는 것이 관계에 어떤 도움이 될 것 같나요?

7. 무엇이 진정으로 사랑받는다는 느낌을 주나요? 나의 제1의 사랑의 언어가 무엇인지 짐작되나요?

8. 누가 나를 무조건적으로 사랑하는 것 같나요?

02
사랑의 언어 #1 인정하는 말

젬마는 팀 최고의 선수였습니다. 자기가 맡은 필드에서 누구보다도 열심이었지요. 젬마는 말이 별로 없고, 말보다는 행동으로 보여 주는 사람이었습니다. 그런 젬마가 입을 열면 모두가 귀를 기울였습니다.

메간의 이야기를 들어 봅시다. "한번은 경기 중에 집중이 너무 안 된 적이 있었어요. 친구랑 싸운 데다가 다음 날 역사 수업 숙제를 제출해야 했거든요. 제대로 뛸 수가 없었어요. 전반전이 끝나고 젬마가 저를 따로 부르더니 조용하게 말하더라고요. '메간, 너는 이것보다 잘하는 선수잖아. 너는 상대편 선수를 이길 수 있어.' 젬마가 저에 대해 그렇게 자신감 있게 말하니 저까지도 저 자신에 대한 믿음이 생겼어요. 그러고 나서는 정신을 차리고 마지막까지 제대로 뛰었어요."

젬마의 말은 이렇게 영향력 있었고, 그해 팀은 주 결승전까지 올라갔습니다. 젬마는 다른 선수들에게 "우리가 더 빠르고 더 영리해. 우리는 이길 수 있어."라고 했습니다. 그 말대로 팀은 승리를 거두었지요.

만약 젬마가 쉴 새 없이 떠들거나 사소한 실수 하나도 지적하기 바쁜 사람이었다면, 다른 선수들은 젬마의 말을 귀담아듣지 않았을 것입니다. 그런 사람이 아니었기에 모두 젬마의 말에 귀 기울이고 진심으로 받아들였지요.

우리 모두 공통으로 쓰는 언어가 있습니다. 바로 '자기중심적인 말'입니다. 우리는 자신을 세상의 중심이라고 생각하며 스스로에 대해 쉴 새 없이 떠들곤 합니다.

하지만 관계를 발전시키려면 새로운 언어를 배워야 합니다. 그것은 바로 '인정하는 말'입니다. 우리는 듣는 사람을 높이는 말, 즉 긍정적인 말, 진실하고 확신에 찬 말, 생명력 있는 말을 할 수 있어야 합니다. 우리 주변의 많은 사람이 인정하는 말을 듣고 싶어 합니다. 우리는 그 말을 구사하는 법을 배워야 합니다.

"죽고 사는 것이 혀의 힘에 달렸다니"(잠 18:21)라는 말씀이 있습니다. 무서운 말이지 않습니까? 혹시 이 말이 떠오를 만한 일을 경험한 적은 없는지 생각해 보십시오.

누군가가 비꼬는 투로 공격하는 말을 하여 스스로에 대한 확신을 잃고 움츠러들었던 적은 없나요? 슬프게도 그런 말은 평생 기억에 남기도 합니다.

아니면 누군가가 아주 따뜻한 말을 해준 적은 없나요? 여러분 자신도 발견하지 못했던 잠재력을 보고 마음 깊이 격려가 되는 말을 해준 사람은 없었는지요?

그렇다면 여러분은 말이 사람을 죽이기도 살리기도 하는 힘을 지녔다는 것을 알고 있는 셈입니다. **적절한 때 적절한 사람이 한 적절한 말은 우리에게 격려가 되며, 성장할 수 있도록 영감을 불어넣어 줍니다.** 인정하는 말이 그토록 강력한 사랑의 언어인 이유이지요.

> **인정하는 말** : 말 또는 글로 표현되는 진실한 언어. 상대방을 높여 주고 기분 좋게 하면서 격려하거나 사랑받는 느낌이 들게 할 수 있다.

나는 이 책을 읽는 여러분이 5가지 사랑의 언어 모두로 사랑하고 사랑받는 법을 배우기 원합니다. 여러분은 더 나은 사람이 되고, 더 나은 관계를 누리고 싶어 이 책을 읽고 있을 것입니다. 5가지 사랑의 언어를 제대로 이해하고 말하는 법을 배운다면, 그 목표를 달성하는 데 분명 도움이 될 것입니다.

다행히 이 모든 언어를 배울 수 있습니다. 인정하는 말이 제1의 사랑의 언어인 사람들(인정하는 말을 많이 하는 부모 밑에서 자란 사람들이 특히 그렇습니다)뿐 아니라 누구나 이 말을 할 수 있어야 합니다. 인정하는 말은 누구나 좋아하기 때문입니다. 어떻게 하면 이 언어를 가장 잘 개발할 수 있을까요?

듣고 받아들이기

이번 장에서는 인정하는 말을 배우는 데 초점을 맞추겠습니다. 우선 다음 내용을 살펴봅시다.

다른 사람들의 인정하는 말을 받아들이는 법도 배워야 합니다.

존경하고 사랑하는 사람이 여러분에 대해 구체적으로 이야기할 때 주의 깊게 들어야 합니다.

- 선생님 왈 "물론 고쳐야 할 부분도 있지만, 네 글은 아주 독창적이고 인상 깊구나."
- 감독님 왈 "너의 투지에 우리 팀 전체가 기대고 있다. 이기고자 하는 너의 의지가 게임 전체 분위기를 결정한다."
- 멘토 왈 "네가 성장했다는 것을 똑똑하게 볼 수 있구나. 작년 가을에는 _로 힘들어하지 않았니. 그걸 이겨 내고 지금은 완전히 다른 모습이 되었구나."
- 부모님 왈 "너와 함께 있는 것이 아주 즐겁단다. 너는 대화를 참 흥미롭게 이끌 줄 알아."
- 친구 왈 "너에게 연락할 수 있다는 걸 알았지. 네가 내 옆을 지켜 줄 거라고 생각했어."

이런 인정하는 말을 들을 때는 스스로를 깎아내리는 말을 하지 마십시오. 농담으로 넘겨 버리지 말고 있는 그대로 받아들여 충분히 곱씹으십시오. 여러분에 대한 구체적인 피드백을 잘 듣고 그 안에 담긴 사랑을 받아들여야 합니다.

생각하고 말하기

말의 힘에 대해 생각해 봅시다. 인정하는 말이 제1의 사랑의 언어인 사람들에게 칭찬과 격려는 단지 듣기 좋은 말이나 예의상 하는 말로 들리지 않습니다. 그들에게는 삶의 자양분 같은 역할을 합니다.

사람들은 이런 말을 그냥 듣지 않습니다.

- "잘했어!"
- "정말 멋있어 보인다."
- "와, 너 정말 다시 봤어."

이 말에 담긴 뜻도 함께 듣습니다.

- "너는 가치 있는 존재야."
- "너를 사랑해."
- "너는 나에게 중요한 사람이야."

말의 참된 힘은 사람들의 내면에 존재하는 사랑 탱크를 채운다는 것입니다. 구체적이고 의도적인 말로 사람들의 마음을 채워 줄 수 있는 것이지요.

이 힘을 사용하는 것에 대해 어떻게 느낄지는 여러분의 제1의 사랑의 언어가 무엇이냐에 달렸습니다. 인정하는 말을 하는 것이 처음에는 어색하게 느껴지는 사람이 있는가 하면, 자연스럽게 느껴지는 사람도 있습니다. 인정하는 말을 많이 하는 환경에서 자란 사람은 특히 이 언어로 말하기가 쉽습니다. 어떤 상황이든 간에 이 언어를 배우다 보면 모두 유창하게 구사할 수 있을 것입니다.

아부하지 말라

아부는 인정하는 말이 아닙니다. 아부는 상대방을 조종하려고 하는 말입니다. 아부에는 의도와 목적이 있습니다. 아부의 궁극적인 목적은 상대방에게서 무언가를 얻어 내려는 것입니다. 아부에는 진실성이 빠져 있습니다. 진심이 아닐 때는 반드시 티가 납니다. 거짓으로 칭찬한 후에는 바로 어떤 요구를 하기 마련입니다. 예를 들어, 이렇게 말할 것입니다. "엄마는 정말 최고예요! 오늘 친구 집에 가서 자도 될까요?" 무언가를 얻기 위해 인정하는 말을 하는 것은 잘못된 행동이며, 신뢰를 깨뜨리는 일입니다. 아부를 듣는 사람은 아부하는 사람의 말이 진실하지 않다는 것을 느끼면 곧 그 사람을 의심하게 됩니다. 그가 하는 말을 믿어도 될지 고민하기 시작하는 것입니다. 사람들은 대부분 아부하는 사람과 친구가 되길 원치 않습니다.

얄팍한 아부와는 달리 인정하는 말에는 깊이가 있습니다. 인정하는 말은 상대방에 대한 깊이 있는 이해에서 비롯됩니다. 아부는 의심을 불러일으키고 상대방으로 하여금 방어적인 자세를 취하게 하지만, 진정성 있는 말은 이해받는다는 느낌과 안정감을 가져다줍니다.

경고 : 괴롭히지 말라

학생들은 서로에게 잔인해질 수 있습니다. "몽둥이와 돌은 내 뼈를 부러뜨릴 수 있지만, 말은 절대 나를 해칠 수 없다."라는 속담이 있습니다. 이것은 잘못된 속담입니다. 말은 상처를 줍니다. 신체적인 상해보다 더 깊은 상처가 되기도 합니다. 부러진 뼈는 제대로 붙을 수 있지만, 상처가 된 말은 평생을 갈 수도 있습니다. **말은 입을 떠나 귀로 들어가 그대로 가슴에 박힙니다. 그 말이 가슴에 영원히 남기도 합니다.** 그래서 어떤 말을 하든지 굉장히 조심해야 합니다.

모든 사랑의 언어에는 반대되는 면이 있습니다. 사랑의 언어는 엄청난 선을 행할 수 있는 잠재력이 있습니다. 하지만 그 반대의 언어는 심각한 해악을 끼칠 수 있는 잠재력이 있습니다. 인정하는 말의 반대는 사람을 깎아내리는 말입니다. 아주 심각한 상황은 '괴롭힘'인데, 이는 한 사람 또는 여러 명이 다른 사람을 계속 욕하거나 깎아내리는 것을 말합니다.

법률에 따르면, 괴롭힘은 그저 무례한 말을 하는 것 이상으로 훨씬 많은 것을 포함합니다. 물리적으로 다른 학생 또는 그의 소유물에 해를 끼친다거나 학습을 방해하는 행위, 교실에서 위협적인 분위기를 조성하는 행위, 학교 질서를 파괴하는 행위, 전화로 위협하는 행위, 위협적인 문자나 이메일을 보내는 행위 등이 모두 포함됩니다.

모든 사람이 안전을 누릴 권리가 있습니다. 이는 괴롭힘을 당하는 일이 없어야 한다는 말이기도 합니다. 만약 자신이 괴롭힘을 당하거나 다른 누군가가 그런 일을 당하는 모습을 보면, 아무에게라도 바로 알려야 합니다.

알리는 것과 일러바치는 것은 다릅니다. 일러바치는 것은 누군가를 곤경에 빠뜨리려는 것이지만, 알리는 것은 누군가의 안전을 보호하는 일이자 건강한 환경을 만드는 데 필수적인 행동입니다.

인정하는 말의 방언들

인정하는 말은 5가지 기본적인 사랑의 언어 중 하나입니다. 그런데 그 언어 안에는 여러 가지 방언(그 언어를 표현하는 방법)이 있습니다. (런던, 시드니, 댈러스, 보스턴의 주민 모두 영어를 사용하지만, 각각 다르게 들리는 것처럼 말입니다.)

감사하는 말

우리는 감사하는 말로 다른 사람이 우리에게 해준 일에 대해 고마움을 표현합니다. 특정한 사람이 한 특정한 행동을 두고 그 사람에게 "고맙다"고 말하지요. 우리를 위해 매일 소리 없이 봉사하는 사람들에게는 이 말이 큰 의미로 다가오기도 합니다.

부모님을 예로 들어 봅시다. 수년 동안 우리를 위해 얼마나 많은 식사를 차려 주셨습니까? 얼마나 많은 빨래를 해주셨습니까? 부모님은 우리를 위해 많은 희생을 하셨습니다. 우리의 필요를 더 우선시하셨습니다. 물론 부모님은 부모의 역할을 다하기 위해, 또 우리를 사랑하기 때문에 이 모든 일을 하고 계시지만, 진심을 담아 감사의 말을 해드리면 크게 기뻐하실 것입니다.

- "엄마(혹은 아빠), 제 무대를 보러 와주셔서 감사해요."
- "제가 가장 좋아하는 과자를 사오시다니, 감사해요."
- "스마트폰을 사주셔서 감사합니다."

- "엄마가(혹은 아빠가) 열심히 일하신 덕분에 이렇게 가족 여행을 갈 수 있네요. 감사해요."

많은 생각과 고민은 하지 않아도 됩니다. 상대방의 행동을 잠깐 관찰하고 감사를 표현하는 말 한두 마디만 하면 됩니다.

선생님, 목사님에게도 감사의 말을 전하십시오. 평소 이 말을 잘 듣고 계시지 못할 수도 있습니다. 여러분을 위해 봉사하고 있는 분들에게 감사의 말이 어떤 의미로 들릴지 생각해 보십시오.

격려하는 말

'격려하다'(encourage)라는 단어는 '용기(courage)를 불러일으키다'라는 뜻입니다. 우리는 모두 각자 불안해하거나 용기를 내지 못하는 부분이 있습니다. 그 불안감과 두려움 때문에 하고 싶은 일을 하지 못하기도 합니다.

만약 여러분의 친구나 형제자매에게 잠재력이 있어 보인다면 어떻게 해야 할까요? 그들에게는 여러분의 격려가 필요합니다.

- "그 연극팀에 지원해 봐. 그 역할에 네가 제격일 것 같아."
- "야구 시합에 나가는 거 생각해 본 적 있어? 넌 할 수 있어."

그들이 스스로 원하는 것을 탐색하고 시도해 보도록 격려하세요. 살짝 어깨를 밀어 주는 것만으로도 그들에게는 새로운 도전이 될 수 있습니다.

나는 학창 시절 조용히 교실 구석에 앉아 있던 학생이었다. 어둡고 우울한 분위기로 말이다. 성적은 잘해야 중간 정도 가는 학생이었고, 영어 시간을 특히 좋아하지 않았다. 철자나 쉼표 같은 작문 기술에 능하지 못해서 내가 글을 잘 쓴다고 생각한 적이 없었다. 그런데 2학년 때 영문학을 가르치는 도밍게즈 선생님을 만나게 되었다. 도밍게즈 선생님은 내 안의 잠재력을 보셨다. 선생님은 내가 제출한 숙제를 돌려주실 때 틀린 부분을 빨갛게 표시하는 대신 작은 메모를 적어 주셨다.

"톰, 너는 재능이 있다."

"톰, 너는 생각이 깊고 독창적인 아이야."

"톰, 너는 작가다."

이런 일은 처음이었다. 도밍게즈 선생님은 알지 못했던 나의 재능을 일깨워 주셨다. 이것은 작년에 있었던 일이다. 올해 나는 노스웨스턴대학에 합격했다. 내가 무엇을 전공하고 싶은지 알겠는가? 그것은 바로 문학이다. - 톰

친구가 "학생회 간부에 입후보하고 싶은데 어떻게 할지 모르겠어."라고 말한다고 합시다. 여러분은 어떻게 반응하겠습니까? "그건 그냥 인기투표야. 시간 낭비지."라는 말로 무시해 버리겠습니까? "나도 모르지. 그거 일이 엄청나게 많잖아. 당선되기도 힘들고." 이렇게 친구의 사기를 꺾어 놓겠습니까? 아니면 친구에게 이런 격려의 말을 하겠습니까? "왜 입후보하고 싶은 거야? 혹시 선거를 도와줄 사람이 필요하지 않아?"

칭찬하는 말

우리는 모두 성취형의 기질을 어느 정도 가지고 있습니다. 우리는 성취하고 싶은 목표를 세우고, 그것을 이루면 인정받고 싶어 합니다. 영화계에는 오스카상이 있습니다. 음악계에는 그래미상이 있습니다. 스포츠 행사에는 트로피가 있고, 기업은 감사패를 증정합니다. 개인적 관계에서는 칭찬의 말이 인정받고 싶은 욕구를 채워 줍니다.

우리 문화는 비판에 능숙합니다. 최대 140자를 쓸 수 있는 트위터에서도 잘못된 점을 꼬집어 내는 데 아주 능숙하지요. 냉소하고 비꼬는 데는 선수급인 것입니다.

올바른 것을 보고 그것을 말로 표현해 내려면 더 많은 연습과 창의력이 필요합니다. "＿＿＿를 정말 잘했어." 우리 주위에는 칭찬받아 마땅한 사람들이 수두룩합니다. 부모님의 이혼에도 비뚤어지지 않고 잘 지내는 친구, 심각한 질병과 싸워 겨우 이겨 냈으면서도 다른 사람부터 챙기는 친구, 대학을 막 졸업한 오빠/형, 난독증이 있는데도 해리포터 시리즈를 다 읽은 동생, 무릎 수술을 받고 와서도 학교 축구부에 뽑힌 남자 친구 등등…….

주위 모든 사람이 신문에 이름을 올릴 것은 아니지만 많은 인정을 받아 마땅한 영웅이자 챔피언입니다. 이 사람들은 칭찬의 말을 들어야 합니다.

친절한 말

말의 내용은 아주 중요합니다. 그런데 말하는 방식 또한 이에 못지않게

중요합니다. 말의 내용과 어조가 전혀 다를 때가 있습니다. 두 가지 메시지를 보내는 셈이 되는 것입니다. 사람들은 대개 단어가 아니라 어조로 상대의 말을 해석합니다.

친구가 비꼬는 투로 "너랑 같이 놀러 가면 정말 좋겠다."라고 한다면, 그것은 진지한 제안으로 들리지 않을 것입니다. (친구가 이렇게 말하면 "음......, 난 됐어."라고 반응하게 될 것입니다.)

반면 "같이 놀러 가자고 나한테는 물어보지도 않아서 속상했어."라는 말도 부드러운 어조로 말한다면, 그것은 진지한 메시지로 들릴 것입니다. 그 말을 하는 사람은 상대가 자기 마음을 알아주길 바라고 진실한 관계를 만들려 노력하고 있기 때문입니다. (이때는 "미안해, 너도 가고 싶어 하는지 몰랐어. 다음에는 같이 가자."라고 반응하게 될 것입니다.)

말을 어떤 식으로 하는가는 참으로 중요합니다. **"유순한 대답은 분노를 쉬게 하여도 과격한 말은 노를 격동하느니라"**(잠 15:1)라는 말씀이 있습니다. 상대가 폭언을 퍼부을 때 부드럽게 대답하면 험한 분위기를 가라앉힐 수 있습니다. 상대의 말에 공감할 수 있고, 필요하다면 사과를 전할 수도 있습니다. 나의 입장을 차분하게 설명할 수도 있습니다. 그리고 내 생각만 옳다고 가정하지 않게 됩니다. 이것이 성숙한 반응입니다. 친절한 말은 성숙한 사랑을 표현하는 방식입니다.

용서에 대하여

인정하는 말을 하기 위해서는 반드시 상처와 분노를 건강한 방식으로 처리해야 합니다. 우리의 말은 마음에서 우러나옵니다. 상처와 분노를 제대로 다루지 못한다면 결국 싸움을 자초하게 되고, 우리의 말은 파괴적 결과를 낳게 될 것입니다.

수많은 사람이 과거에 매여 새로운 날을 망치고 있습니다. 그들은 어제의 실수를 오늘로 끌어들여 현재와 미래를 모두 엉망으로 만듭니다. 앙심, 적개심, 복수심이 마음에 자리 잡으면 인정하는 말은 결코 나올 수 없습니다.

마음속에 용서를 품으십시오. 그렇습니다. 여러분에게 상처를 준 일이 일어났었습니다. 상처를 받아 분명히 아팠고, 지금까지 그 고통이 남아 있을 수 있습니다. 용서한다고 상처 자체가 낫지는 않을 수도 있습니다. 하지만 마음이 괜찮아질 수 있습니다. 여러분은 상처와 분노에 휩싸이지 않도록 그것들을 놓아 보내기로 선택할 수 있습니다. 미래의 자신을 보호하기 위해 적절한 경계를 두면서, 여러분에게 상처를 준 사람을 사랑하기로 선택할 수 있는 것이지요. 용서는 삶을 평화롭게 살아갈 수 있게 해줍니다.

여러분에게 상처를 준 사람이 자신의 실수를 인정할 때도, 그렇지 않을 때도 있을 것입니다. 하지만 그와 상관없이 그를 용서하고, 그를 하나님께 맡기기로 선택할 수 있습니다. 하나님이 결국 모든 것을 올바르게 해주실 것이기 때문입니다. 그리고 다른 사람의 행동이 여러분의 삶을 파괴하도록 허용하지 않기로 선택할 수 있습니다.

만약 여러분이 다른 사람에게 상처를 주었다면, 이렇게 사랑의 질문을 던질 수 있습니다. "당신에게 상처를 주었던 일을 바로잡기 위해 내가 무엇을 할 수 있을까요?" 과거를 지울 수는 없지만 진심으로 잘못을 고백하며 그것이 올바르지 않았다는 것을 인정하고 용서를 구할 수 있습니다. 그런 후에야 화해할 수 있습니다.

용서 없이는 부드럽고 긍정적인 말을 할 수 없습니다. 가혹한 정죄의 말은 관계를 파괴합니다. 인정하는 말은 관계를 향상하게 합니다.

기억하세요. 사랑은 선택입니다. 사랑은 행동의 언어입니다.

'인정하는 말' 퀴즈

여러분은 인정하는 말을 얼마나 잘합니까? 다음 중 인정하는 말이라고 생각되는 것에는 O 표시를, 인정하는 말이 아니라고 생각되는 것에는 X 표시를 하세요.

___ "이제까지 먹은 음식 중에 최악은 아니네."

___ "다음 학기에 하는 연극에 당연히 지원할 거지? 네가 그 역할에 제격일 것 같아."

___ "여러분, 정말 대단해요! 여러분이 인류 역사상 최고예요!"

___ "요새 읽는 책에서 사람들을 칭찬해야 한다고 하길래. 너 야구 잘한다고 말하려고."

___ "맞아. 너 정말 좋아 보여."

____ "그 파란 셔츠, 네 피부색이랑 정말 잘 어울린다."

____ "내 이야기 들어 줘서 고마워. 넌 정말 좋은 친구야."

____ "너 아이들이랑 엄청 잘 맞는다. 알고 있었어? 교사를 해보는 건 어때? 정말 잘할 것 같아."

____ "엄마, 리허설 할 때마다 애매한 시간인데도 데려다주셔서 감사해요."

____ "뭐, 시도한 건 인정해 줄게."

____ "너 진짜 과감하게 공격한다. 네가 우리 팀에 있어서 다행이야."

____ "네가 정말 자랑스럽다. 사람들 앞에서 말하는 거 안 좋아하는 거 알지만, 이번 발표 정말 잘했어."

■ **생각해 보세요**

1. 부모님에게서 인정하는 말을 어느 정도나 들었나요?

2. 가족에게 인정하는 말을 하기가 쉽나요, 어렵나요? 왜 그런가요?

3. 다른 사람과의 관계에서는 인정하는 말을 부담 없이 하나요?

4. 나에게 사랑받는다고 느끼게 한 말은 무엇인가요?

5. 대부분의 사람들이 5가지 사랑의 언어 중 하나에 특별히 더 강하게 반응합니다. 그렇지만 5가지 모두 듣는 사람을 기분 좋게 하기 때문에, 자신의 제1의 사랑의 언어가 무엇인지 헷갈릴 수 있습니다. (듣기 좋은 말을 싫어하는 사람이 있을까요?) 인정하는 말이 나의 제1의 사랑의 언어가 아닌지 생각해 보세요. 인정하는 말을 들으면 특별히 더 기분 좋고 사랑받는다고 느끼나요?

6. 나에게 중요한 사람들의 목록을 작성해 보세요(2~10명 정도). 그중 인정하는 말이 제1의 사랑의 언어인 사람이 있나요?

7. 인정하는 말의 방언(감사하는 말, 격려하는 말, 칭찬하는 말, 친절한 말)을 복습하세요. 가까운 사람 중 인정하는 말이 사랑의 언어인 사람에게 사랑을 전할 수 있는 말을 생각해 보세요.

8. 부모님이나 선생님처럼 평소 감사의 표현을 거의 듣지 못하는 분들을 위해 감사의 말을 연습하세요. 간단하지만 친절하고 진실한 한마디를 오늘 당장 건네 보세요.

9. 용서하지 못하면 말에서 티가 납니다. 누군가를 용서하지 못하고 마음속에 담아 두고 있지는 않나요? 이 문제를 해결하고 그 사람을 마음속에서 용서하려면 무엇을 할 수 있겠습니까?

A TEEN'S GUIDE TO THE
5 LOVE LANGUAGES®

03
사랑의 언어 #2 함께하는 시간

언니(혹은 누나)가 함께 영화를 보러 가자고 합니다. 정말 그 영화가 보고 싶어서일 수도, 그저 여러분과 함께 시간을 보내고 싶어서일 수도 있습니다. 언니의 사랑의 언어가 함께하는 시간이라면, 언니에게 중요한 것은 무엇을 같이하는가가 아닙니다. 영화를 보러 가는 대신 자전거를 타고 놀러 나가거나 커피를 마시러 가자고 해보십시오. 똑같이 기뻐할 것입니다.

중요한 것은 함께하는 시간을 보내는 것입니다. 함께하는 시간이 아닌 다른 사랑의 언어를 가진 사람들은 이것을 깨닫기가 쉽지 않습니다. 예를 들어, 선물이 사랑의 언어인 사람은 영화관에 갈 때 동생이 가장 좋아하는 사탕을 챙겨 오고는 영화가 끝나자마자 자리를 박차고 나갈지 모릅니다. 인정하는 말이 사랑의 언어인 사람은 영화관에 가는 길

내내 쉴 새 없이 이야기하다가 영화를 보는 중에는 친구들과 문자 메시지를 해댈지 모릅니다. 봉사가 사랑의 언어인 사람은 동생을 대신해서 도서관에 연체된 책을 반납하고 오느라 정작 영화 시간에는 늦을지 모릅니다. 스킨십이 사랑의 언어인 사람은 동생을 따뜻하게 껴안아 주고 나서는 영화가 시작하기도 전에 잠들어 버릴지 모릅니다.

다들 의도는 좋지만 요점을 놓치고 있습니다. **함께하는 시간이 사랑의 언어인 사람이 원하는 것은 바로 여러분입니다. 여러분이 시간을 내어 자신에게 관심을 기울이고 함께 있어 주기를 바라지요.** 그는 함께하는 시간을 통해 사랑받는다고 느낍니다. 그런데 많은 사람이 무엇을 할까에 너무 집중한 나머지, 다른 사람에게 소중한 시간을 선물한다는 개념을 도무지 이해하지 못합니다.

함께하는 시간이 사랑의 언어인 사람이 원하는 것은 함께하는 것입니다. 함께하는 시간은 가까이 있는 것만을 의미하지 않습니다. 옆에 누가 있어도 완전히 무시할 수 있습니다. 함께한다는 것은 관심을 집중하는 것입니다. 오직 상대방에게만 관심을 기울이는 것입니다. 모든 사람은 다른 사람과 관계를 맺고 싶은 근본적인 욕구를 가지고 있습니다. 그러나 종일 사람들 곁에 있으면서도 단절된 느낌을 받을 수 있습니다.

"우리 모두 많은 순간 누군가와 함께 있지만 우리 모두 외로움에 죽어 간다."
— 알베르트 슈바이처

함께하는 시간을 통해 진정한 사랑을 표현한다면, 그것은 마음을 전하는 강력한 도구가 됩니다. 함께 공놀이를 하든지, 함께 트램펄린 위에서 뛰어놀든지, 여러분은 동생에게 함께하는 시간을 주고 있는 것입니다. 한 시간이든, 단 5분이든 그 순간만큼은 동생과 함께하고 있습니다. 그러나 여러분이 페이스북을 점검하면서 함께하는 시간을 보낸다면, 동생은 여러분의 관심을 한 몸에 받지 못해 사랑받는다고 느끼지 못할 것입니다.

함께하는 시간이라고 해서 서로의 눈을 응시하고 있어야 한다는 뜻은 아닙니다. 상대방과 모든 것을 같이해야 한다는 뜻도 아닙니다. 함께 시간을 보낸다는 것은 둘 다 좋아하는 활동을 함께하는 것입니다. 활동의 구체적 내용은 부차적 문제이자 함께한다는 느낌을 불러일으키는 수단에 불과합니다.

함께하는 시간 : 상대방에게 사랑을 느끼게 해주려는 마음으로 함께 보내는 의도적이고 계획된 시간

동생과 트램펄린 위에서 뛰어놀 때 중요한 사실은 뛰어논다는 행동 자체가 아니라 여러분과 동생 사이에 만들어지는 감정입니다. 친구들과 함께 테니스를 칠 때도 중요한 것은 게임이 아니라 함께 시간을 보내고 있다는 사실입니다. 정서적 차원에서 이루어지는 일이 중요합니다. 공동의 활동을 하며 함께 시간을 보내는 것은 서로를 아끼고 함께 있는 것을 즐긴다는 사실을 전달해 줍니다.

첫 번째 방언: 진정한 대화

인정하는 말과 마찬가지로 함께하는 시간이라는 사랑의 언어에도 여러 가지 방언이 있습니다.

그중 가장 흔한 것이 진정한 대화입니다.

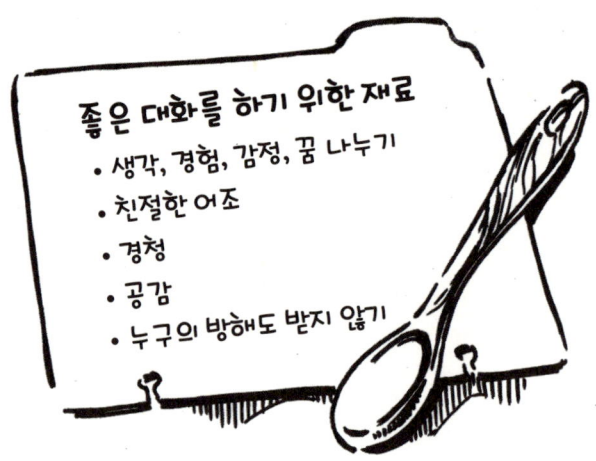

듣기

인정하는 말은 말의 내용이 초점이 되지만, 진정한 대화는 말의 내용뿐 아니라 듣는 것에도 초점을 맞추어야 합니다. 내가 함께하는 시간을 보내면서 여러분에게 사랑을 전한다면, 그리고 그 시간 동안 여러분과 대화를 나눈다면, 그것은 여러분의 말을 주의 깊게 들으며 여러분을 이해하려 애쓸 거라는 의미입니다. 나는 여러분에게 질문을 하겠지만, 그것은 성가신 질문이 아니라 여러분의 생각과 감정을 진정으로 이해하려는 진심 어린 질문일 것입니다.

교제를 시작한 지 석 달이 지나서야 올리비아는 결국 제이콥에게 휴대폰에 너무 빠져 있지 않았으면 좋겠다고 말했습니다. 자신이 말을 하고 있을 때는 특히 더 주의해 달라고 했습니다. 제이콥은 자신이 단지 멀티태스킹을 한 것뿐이라고 생각했습니다. 올리비아의 이야기를 들으면서 동시에 문자에 답장을 한 것이라고 말이지요. 하지만 올리비아에게는 모욕처럼 느껴졌습니다. '제이콥이 정말로 내 말을 듣고 있었을까? 왜 온전히 집중해서 나에게 신경을 써주지 않는 걸까?' 제이콥은 올리비아의 말에 귀 기울이기 위해 휴대폰을 내려 두는 훈련을 해야 했습니다.

내가 여러분과의 진정한 대화를 위해 30분을 쓴다면, 내 삶의 30분을 준 것과 같습니다. 온전히 주의를 집중하는 진정한 대화는 여러분을 생각하고 중요하게 여기는 내 마음을 전해 줄 것입니다. 여러분의 제1의 사랑의 언어가 함께하는 시간이라면 더욱 그럴 것입니다.

말하기

물론 진정한 대화에는 능동적인 듣기 이외에 말하기도 포함됩니다. 그런데 진정한 대화에 필요한 대화 기술을 익히지 못한 사람들이 있습니다.

사바나가 그렇습니다. 사바나는 자신의 인간관계를 지속하지 못합니다. 남자들은 처음에는 사바나가 재미있다고 생각하지만, 그녀와 진정으로 소통한다고 느끼지는 않습니다. 한 남자는 사바나라는 사람을 안다는 느낌이 들지 않는다고 말했습니다. 이 발언으로 사바나는 깊은 생각에 빠졌습니다. 그녀는 그동안 많은 말을 했지만 정작 자신에 관한 이야기는 나누지 않았다는 사실을 깨달았습니다. 그녀의 가족은 늘 말이 많고 시끄러웠지만 깊이 있는 대화는 하지 않았습니다. 날씨나 스포츠 소식, 마트에서 사과 한 상자를 얼마에 팔고 있는지 등 대화하기 편한 소재들만 이야기했습니다. 자기표현이란 전혀 없었지요.

딜런의 문제는 다른 모습으로 나타났습니다. 딜런도 사바나처럼 다른 사람들과 깊이 소통하는 데 어려움을 겪었지만, 그의 경우는 말을 잘 안 한다는 것이 문제였습니다. 그런데 아이러니하게도 그는 유머 감각이 매우 뛰어났습니다. 그는 어떤 상황에서도 재빨리 재치 있게 대답했습니다. 다만 자기 머릿속에서만 말이지요. 딜런의 집에서는 누나들이 항상 대화의 주도권을 가지고 있었기 때문에 딜런은 대화의 기술을 습득할 수 없었습니다.

사바나와 딜런 같은 사람에게도 희망이 있습니다. 우선 마음을 열어야 한다는 필요성을 인식하고, 감정과 생각, 욕구를 파악하는 법부터 배워야 합니다. 그다음 그것을 말로 표현하는 연습을 해야 합니다. 이것은 과거로 거슬러 올라 어린 시절의 역기능적 대화 패턴을 건강한 패턴으로 대체하는 재사회화 과정입니다. 쉽지는 않겠지만 진정한 대화라는 방언을 배우기 위해서는 꼭 필요한 과정입니다. 딜런 같은 사람은 열정적인 대화 상대나 능변의 연설가가 되지는 못할지라도, 가장 가까운 사람들과 편안하게 유머를 즐기며 대화할 수 있는 법을 배울 수 있습니다. 사바나 같은 사람은 낯선 사람들과는 계속 날씨 따위의 이야기를 할지라도, 가까운 관계에서는 자신을 드러내고 진정으로 소통하는 법을 배울 수 있습니다. 우리 모두에게 희망은 있습니다.

두 번째 방언 : 경청

어떤 사람들은 도통 남의 말을 들을 줄 모릅니다. 그들은 다른 사람이 말하고 있는 중간에 자기가 좋아하는 주제가 나오면 상대의 말을 끊고 그 주제에 대한 생각을 하염없이 늘어놓습니다. 대화의 흐름이 어떻든 그들은 몇 분 내로 자기 이야기로 화제를 돌릴 수 있습니다. 자기중심적인 사람과 대화하는 것이 과연 즐거울까요?

해결사를 자처하는 사람들도 있습니다. 누군가 그들에게 고민을 털어놓으면 깔끔한 해결책을 내놓습니다. 그들은 문제 분석과 해결책 제시에 아주 능숙하지만, 다른 사람의 말을 공감하며 듣는 데는 서툽니다.

"조언하는 것이 사람들을 돕는 일이라고 생각했어요. 시간이 지날수록 그런 게 거만하거나 지나치게 간섭하는 모습으로 보일 수 있다는 걸 깨달았죠. 그런 사람이 되고 싶지 않아서 이제는 상대가 묻지 않는 이상 먼저 조언하지 않아요. 해도 조금씩만 하죠. 사람들이 이제는 저와 이야기하는 걸 편안해합니다." - 에단

경청의 목적은 상대방을 이해하는 것입니다. 케이트는 자기가 하고자 하는 이야기에 따라 필요할 때는 남자 친구에게 이런 말을 꺼내는 방법을 찾았습니다. "내 이야기를 그냥 들어 주면 좋겠어. 문제를 해결해 주

지 않아도 괜찮아." 이 말로 둘 사이의 혼란을 피하고, 이야기를 들어 달라는 의도를 분명히 전달할 수 있습니다.

공감적 경청 기술

경청하는 사람이 되는 기술을 익히고 싶다면, 아래의 실용적인 방법들을 실천해 보십시오.

1. **상대의 말을 들을 때 눈을 쳐다보십시오.** 이렇게 하면 다른 생각이 나지 않고 상대방은 여러분이 주의를 기울이고 있음을 알게 됩니다. 눈을 굴리거나, 허공을 바라보거나, 다른 사람에게 한눈을 팔지 마십시오.

2. **상대의 말을 들으면서 다른 일을 하지 마십시오.** 이야기를 들으면서 다른 일, 예를 들면 문자 메시지를 보내거나, 숙제를 하지 마세요. 함께하는 시간은 상대방에게 온전한 관심을 기울이는 일입니다. 다른 일을 하는 중이라면 상대방에게 사실대로 말하십시오. "당신의 이야기를 듣고 싶은데, 지금 _____를 하느라 정신이 없어서 온전히 집중할 수가 없어요. 10분만 있다가 다시 이야기해 줄 수 있겠어요?" 이는 반쯤 대충 듣는 것보다 훨씬 더 좋은 대응 방법입니다.

3. **상대의 감정을 살피십시오.** 이야기 속 사건에만 집중하지 말고 감정을 살피도록 노력하세요. 그리고 답을 찾았다고 생각된다면 이런 식

으로 확인해 보세요. "_____때문에 실망했다는 말 같네요.", "얼마나 화가 났을지 알 것 같아요." 그렇게 하면 상대방은 자신의 감정을 분명히 밝힐 기회를 얻게 되고, 여러분이 상대방의 말을 집중해서 듣고 있음을 확인할 수 있습니다.

4. **보디랭귀지를 관찰하십시오.** 한 연구에 의하면, 의사소통의 7%만이 언어적 수단으로 이루어지고, 93%는 비언어적 수단으로 이루어진다고 합니다. 연구마다 다른 수치를 제시하지만, 공통된 내용은 어조에 따라 말의 내용이 바뀐다는 것입니다. 때로 보디랭귀지와 말이 전하는 메시지가 다를 때가 있습니다. 그럴 때는 상대방의 생각과 감정을 제대로 파악했는지 확인하는 질문을 하십시오. "그 사람이 보고 싶다고 말하는데, 나한테는 네가 화가 난 것같이 보여. 혹시 심경이 복잡한 거야?"

5. **말을 끊고 끼어들지 마십시오.** 상대방의 말을 자르고 끼어들면 그가 사고의 흐름을 놓치고 원래 하려던 말을 꺼내지 못하게 될 수 있습니다. 자신을 변호하거나 상대방을 바로잡아 주고 싶더라도 참으십시오. 이 대화의 목적이 무엇인지 떠올려 보십시오. 바른 말이나 조언을 해주려는 것이 아닙니다. 상대방을 이해하는 것이 목적입니다.

6. **확인 질문을 하십시오.** 상대의 말을 이해했다는 생각이 들면 여러분이 이해한 대로 그 내용을 확인해 보세요. "내가 듣기에는 _____라

는 얘기 같은데 맞나요?" 확인 질문은 오해를 해소하고, 상대방의 말을 제대로 이해했는지 알게 해줍니다.

7. 상대의 입장에 대한 이해를 표현하십시오. 상대방은 우리가 자기 말을 제대로 이해했는지 알 필요가 있습니다. 노아가 레이첼에게 졸업 앨범 모금 활동에 대한 불만을 호소하고 있다고 합시다. 노아는 올해 졸업 앨범 편집을 담당하게 되었는데, 매일 하는 편집 활동 외에도 개인 시간을 엄청나게 들이고 있습니다.

공감을 통해서 레이첼은 노아의 자존감을 세워 주고, 그가 느끼는 감정을 정당한 것으로 인정해 줍니다.

8. **여러분이 도울 만한 일이 있는지 물어보십시오.** 기억하세요. 상대방에게 어떻게 하라고 지시하는 게 아니라 그냥 물어보는 것입니다. 노아는 조언을 원하는 것이 아닙니다. 친구에게 그저 지지를 받고 싶어 하소연하는 것입니다. 한편 노아가 어떻게 해야 할지 몰라 조언을 구한다면, 레이첼은 자기 생각을 나눌 수 있을 것입니다. 상대방이 충고를 원한다는 것이 확실해지기 전까지는 절대 충고하지 마십시오!

진정한 대화에는 시간과 노력이 필요합니다. 사실 말하는 것보다 듣는 데 두 배의 시간이 들게 될 것입니다. 그러나 이에 따른 유익은 엄청납니다. 상대방이 존중과 이해와 사랑을 느끼기 때문입니다. 이것이야말로 진정한 대화의 목적입니다.

세 번째 방언 : 함께하는 활동

함께하는 시간이라는 사랑의 언어에는 '함께하는 활동'이라는 또 다른 방언이 있습니다. **중요한 것은 함께 있고, 함께 무언가를 하면서 서로에게 온전히 집중하는 것입니다.**

나는 5가지 사랑의 언어를 주제로 열었던 한 행사에서 참석자들에게 다음 문장을 완성해 보라고 했습니다. "나는 ____가 ____할 때 가장 사랑받는다고 느낀다." 부모, 친구, 남자 친구/여자 친구 등 누구의 이름이나 넣을 수 있었습니다.

타일러는 이렇게 대답했습니다.

"나는 아빠와 무언가 같이할 때 가장 사랑받는다고 느낀다. 하키 게임을 보러 가거나, 카약, 등산을 가는 것 등이다. 아빠가 좋은 크리스마스 선물을 사주시거나, 생일 카드를 써주시는 것은 별로 상관없다. 나에게는 그저 함께 있는 것이 중요하다."

이 대답은 타일러의 제1의 사랑의 언어가 함께하는 시간이고, 그가 즐기는 방언은 함께하는 활동임을 보여 줍니다.

함께하는 활동의 내용은 한쪽이나 양쪽 모두가 관심이 있는 것이 될 수 있습니다. '무엇을' 하느냐가 아니라 '왜' 하느냐가 중요합니다. 함께하는 활동의 목적은 함께 무언가를 경험하는 것입니다.

다른 사람의 관심사를 함께하면 시야가 넓어질 수 있습니다. 사랑하는 사람을 위해서 태어나서 처음으로 음악 콘서트나 독서 모임, 축구 경기, 요리 교실, 아니면 미술전에 갈 수 있습니다. 상대방은 사랑받는다고 느낄 것입니다. '나를 소중히 생각해서 내 취미 생활도 열린 마음으로 같이해 주다니.' 이것이 사랑입니다. 어떤 사람은 이것을 통해 가장 깊은 사랑을 느낍니다.

함께하는 활동에는 어느 정도의 계획과 희생이 필요합니다. 때로는 별로 즐기지 않는 일이라 해도 해야 한다는 뜻입니다. 그러나 함께 시간을 보내며 다른 사람의 세계에 들어가다 보면, 함께하는 시간이라는 사랑의 언어를 구사하는 법을 배우게 될 것입니다.

함께하는 활동으로 얻게 되는 유익 중 하나는 그 활동들이 훗날 추억거리를 제공해 준다는 것입니다. "함께 여행했던 일 기억나? 캠핑 갔다가 우리 둘 다 옻나무 독이 올랐던 거 기억해? 함께 야구 경기를 봤던 일 기억하지? 함께 놀이공원에 갔던 일 생각나? 콘서트에 갔다가 갑자기 비가 쏟아진 일 기억나? 가장 더웠던 여름날 등산 간 건? 시내에서 길을 잃었던 건? 우리 5km 마라톤 준비할 때 어떤 개한테 쫓겼던 일 기억하지?"

이런 것들은 사랑의 추억입니다. 제1의 사랑의 언어가 함께하는 시간, 그중에서도 함께하는 활동인 사람에게는 특히 그렇습니다.

경고 : 수용적인 사람이 돼라

모든 사랑의 언어에는 반대되는 면이 있습니다. 함께하는 시간의 반대는 의도적으로 상대방을 소외시키는 것입니다. 우리 모두 일상에서 이러한 잔인한 행위를 목격합니다. 교실, 식당 등 사람이 많이 모인 곳이라면 어디에서나 일어나는 일입니다. 혼자만 남겨졌을 때의 느낌, 외롭고 속이 뻥 뚫린 듯한 그 슬픈 기분을 우리 모두 잘 압니다.

어린아이들은 대놓고 잔인하게 굴기도 합니다. 학교 식당에서는 이러기도 합니다. "안 돼, 너 여기 못 앉아. 내 친구 자리야. 내가 미리 맡아 놨어." 놀이터에서는 이러기도 합니다. "우리 너랑 안 놀아. 네 명만 있으면 돼."

고학년 학생이나 어른들도 그렇게 잔인해질 수 있습니다. 더 교묘히 드러나지 않게 행동하지요. 누군가를 초대하기를 "잊어버립니다". 여러 사람과 이야기할 때 그중 한 명과는 눈을 맞추지 않습니다. 이미 사람이 "가득 찬" 스터디 그룹을 만듭니다. 초대받지 않은 사람을 앞에 두고 파티 이야기를 합니다. 몇 명이서만 모여서 연습을 합니다. 이러한 예는 끝이 없습니다. 혹시 이런 일을 목격했거나 당했던 적은 없는지요? 아니면 이런 행동을 직접 했던 적은 없는지요? 「퀸카로 살아남는 법」이라는 영화를 예로 생각하면 됩니다.

모든 사람이 어딘가에 속하고 싶어 합니다. 함께하는 시간이 사랑의 언어인 사람은 더욱 그러합니다. 그에게는 혼자만 남겨졌다는 사실이 훨씬 더 고통스러운 상처가 됩니다. 우리는 기회가 있을 때마다 다른 사람들에게 친절을 베풀고, 소속되었다는 느낌을 주어야 합니다.

아는 사람 모두 생일 파티에 초대했나요? 많은 사람을 다 초대할 수 없기에 어느 정도 제한해야 할 것입니다. 그러므로 생일 파티에 대해 여기저기 광고하거나, 초대받지 않은 사람들 앞에서 대놓고 이야기하는 행동은 하지 말아야 합니다. 선택받은 사람들끼리 모여 즐거운 시간을 보냈다고 자랑하는 듯한 사진은 올릴 필요가 없습니다.

배구부에 지원하는 사람 모두가 합격할 수 있습니까? 그렇지 않습니다. 전교생 모두를 선수 명단에 올릴 수는 없습니다. 친밀한 사람들이 모이면 어느 정도의 연대감(소속감의 특권)이 생기겠지만, 그것을 다른 사람 앞에서 과시할 필요는 없습니다. 배구부와 관련 없는 환경이라면 모두가 참여할 수 있도록 대화의 소재를 바꾸면 됩니다.

점심시간이나 수업 때 모든 친구와 같이 앉을 수 있습니까? 불가능합니다. 그렇지만 친절하고 수용적인 태도로 좀 더 신경 쓰고 배려할 수 있습니다. "이쪽에 빈자리가 있어.", "내일은 네가 내 자리 좀 맡아 줄래?", "재미있는 이야기를 해줄게. 밥 먹고 너한테 갈게."

친절과 수용의 사회적 역학을 잘 아는 학생은 보통 친구가 많습니다. 사람들을 자연스럽게 끌어모으기 때문입니다.

더 좋은 친구가 되고 싶나요? 어떤 사람은 본능적으로 어떻게 해야 하는지 압니다. 하지만 그렇지 않은 사람을 위해 몇 가지 기술을 알려 주겠습니다.

1. 누군가를 초대하거나 소속감을 느끼게 하십시오. ("오늘 점심 같이 먹을래?")
2. 그 사람의 의견을 물으십시오. ("햄버거 먹을까? 아니면 피자?")
3. 그 사람의 생활에 대해 개인적인 질문을 하십시오. ("전학 오기 전 학교는 어땠어?")
4. 잘 들으십시오. (쉿. 조용히. 지금은 듣는 중입니다. 침묵은 금입니다.)

위의 기술은 함께하는 시간이 사랑의 언어인 사람뿐 아니라 모든 사람에게 효과가 있습니다. 함께하는 시간이 사랑의 언어인 사람은 초대받고 소속되는 것을 아주 특별하게 사랑받는 일이라고 느낍니다. 수용적인 사람이 되십시오. 친구를 사귀고 관계를 유지하는 데 매우 좋은 방법이 될 것입니다.

모두 너무 바쁘다

지구상의 모든 사람에게는 날마다 같은 양의 시간이 주어집니다. 24시간, 1,440분, 86,400초.

하루가 끝나면 그날의 시간이 소진됩니다.

시간은 훔칠 수도, 교환하거나 환불받을 수도, 비축해 둘 수도, 조작할 수도 없습니다. 시간은 극히 한정되어 있지만 수요는 엄청납니다. 시간이 필요한 일들을 한번 생각해 보십시오. 학교, 숙제, 운동, 특별 활동, 음악 감상, 교회, 가족, 친구, 이성 교제, 봉사 활동, 취미 생활, 수면, 휴식…….

여러분은 시간을 어떻게 쓰겠습니까?

많은 사람이 정신없이 서두르며 살아갑니다. 달력에는 메모가 가득합니다. 이 일을 처리한 후에는 바로 다음 일을 하기 바쁩니다. 우리의 일상은 소음으로 가득합니다. 우리는 다른 사람들과 항상 연결되어 있습니다. 하지만 실제로 서로 소통하고 있습니까?

함께하는 시간이라는 사랑의 언어에는 '시간'이 필요합니다. 아주 간단해 보이지만 정말 그럴까요?

출장을 자주 다니면서 가족 행사에는 빠지는 부모가 있습니다.

자녀를 따라다니며 자녀의 일과를 관리하느라 진이 빠져 있는 부모도 있습니다. 자녀가 정말 원하는 것은 앉아서 5분 동안만이라도 자기 이야기를 들어 주는 것인데 말입니다.

다른 사람의 관심에 목말라하는 동생이 있습니다. 누군가가 자기를 바라보며 자기 말에 귀 기울여 주고, 자기를 중요한 사람으로 대해 주기를 원하는 것입니다.

손이 많이 가는 형제나 자매 때문에 부모에게서 완전히 방치되고 있는 친구가 있습니다.

그리고 여러분이 있습니다. 여러분은 바쁜 것이 곧 중요한 것이라는 생각만 하겠습니까? 아니면 사랑하는 사람들과 함께할 시간을 내겠습니까?

사랑은 선택입니다. 사랑은 동사입니다.

■ 생각해 보세요

1. 대부분의 사람들이 5가지 사랑의 언어 중에서 하나를 선호한다는 것을 기억하세요. 함께하는 시간이 나의 제1의 사랑의 언어는 아닌가요? 이 언어를 통해 특별히 더 기분 좋고 사랑받는다고 느끼나요?

2. 다른 사람들과 함께하는 시간을 가질 때 힘이 솟나요, 진이 빠지나요?

3. 함께하는 시간이라는 사랑의 언어를 가족 간에 어느 정도나 구사하나요?

4. 이번 주에는 누구와 함께하는 시간을 보냈나요? 그와 함께하는 시간은 주로 진정한 대화였나요, 함께하는 활동이었나요?

5. 나는 수용적인 사람인가요? 그렇지 않다면 스스로 발전시킬 수 있나요? 이번 주 사람이 많이 모인 자리에서 어떻게 하면 더 친절하고 수용적인 태도를 보일 수 있을까요?

6. 나는 어떻게 경청하나요? 이 장에서 배운 잘 듣기 위한 실용적인 방법들은 무엇인가요?

7. 나에게 중요한 사람들의 목록을 살펴보세요. 그중 함께하는 시간이 제1의 사랑의 언어인 사람이 있나요?

8. 다른 사람의 관심사에 집중하려면 계획이 필요합니다. 함께할 새로운 활동에 대해 창의적으로 생각해 보세요. 의지를 가지고 추진하세요. 미리 달력에 적어 놓으세요.

A TEEN'S GUIDE TO THE
5 LOVE LANGUAGES®

04
사랑의 언어 #3 선물

가장 아끼는 물건이 무엇인가요? 이런 상상을 한 번쯤은 해본 적이 있을 것입니다. "만약 집에 불이 나서 한 가지 물건만 챙겨서 나가야 한다면 뭘 가져갈까?" (알림 : 모든 사람과 동물은 이미 안전하게 대피한 상태이고, 여러분이 챙기려고 하는 물건은 손만 뻗으면 잡힐 정도로 가까이에 있습니다. 물건 때문에 바보같이 불길 속으로 뛰어들 리가 없지 않겠습니까? 집에서는 최신의 화재 보험을 들어 놓았습니다. 그러니 숨을 고르십시오. 자, 이제 원래의 이야기로 돌아갑시다.)

무엇을 골랐습니까? 금전적인 면에서 가장 가치 있는 물건인가요? 아이패드, 비싼 청바지, 게임기? 아닐 확률이 높습니다. 감정적인 가치가 있는 것을 골랐을 것입니다. **바로 여기에서 선물에 대한 첫 번째 교훈을 배울 수 있습니다. 물건의 가치는 가격에 있는 것이 아니라 주인에게 어떤 의미이냐에 달렸다는 것입니다.**

거의 모든 사람이 선물이라고 불리는 사랑의 언어에 대해 소중한 경험을 한 적이 있을 것입니다. 선물은 물건 그 이상의 의미를 지닙니다. 긍정적이거나 부정적인 의미를 담고 있지요. 긍정적인 경우, 선물은 감사, 가치, 희생, 사랑, 헌신, 의리, 축하 등을 상징합니다. 부정적인 경우에는 죄책감, 뇌물, 실패, 무시경함, 공포, 잔인함 등을 상징합니다. 선물은 주는 사람을 대변합니다.

선물 : 주는 사람을 대변하고, 단순한 물건 그 이상을 의미하는 사랑의 시각적 상징

선물의 의미

선물은 "당신을 생각하고 있었어요. 당신이 이걸 가졌으면 해요. 사랑합니다."라고 말해 주는 구체적 물건입니다.

선물은 문화와 시대를 초월합니다. 인류학자들은 선물이 사랑의 표현이 아니었던 문화를 이제껏 단 하나도 발견하지 못했습니다. 선물은 근본적인 사랑의 언어 중 하나입니다.

어떤 선물은 몇 시간밖에 가지 못합니다. 엄마에게 주려고 꽃을 꺾어본 적이 있나요? 선물은 금세 시들지만 그 기억은 엄마에게 여러 해 동안 지속합니다. 평생을 가는 선물들도 있습니다. 할머니의 결혼반지, 할아버지가 인쇄소에서 일할 때 쓰시던 타자기 등 어떤 선물은 준 사람이 세상을 떠나고 난 후에도 남아 있을 수 있습니다. 중요한 것은 선물이 아니라 선물을 통해 전해지는 사랑입니다. 올바른 선물은 크건 작건 사랑의 증표가 됩니다.

영어 단어 'gift'는 '은혜' 혹은 '과분한 선물'을 뜻하는 헬라어 '카리스'(charis)에서 파생되었습니다. 선물의 본질은 제공된 서비스에 대한 보상이 아닙니다. 누군가가 "당신이 _____를 해주면 나는 당신에게 _____를 줄게요."라고 말한다면, 그것은 선물을 주는 것이 아닙니다. 단지 거래를 제의하는 것뿐입니다. 선물은 아무 조건 없이 주어지는 것이며 그렇지 않을 때는 더 이상 선물이라 할 수 없습니다.

상대의 화를 풀게 하려고 주는 선물은 선물이 아닙니다. 잘못을 저지르고 나서 여자 친구에게 꽃을 준다고 합시다. 그것을 과연 선물이라 할 수 있을까요? 꽃이 죄를 덮지는 않습니다. 동생에게 화를 내고 나서 달래보겠다고 음료수를 사준다고 합시다. 그것이 선물일까요? 통금 시간을 어겨 놓고는 집에 들어와서 설거지를 한다고 합시다. 그런다고 엄마가 조용히 넘어가 줄까요? 선물은 과거의 실패를 무마하기 위한 시도가 아니라 순수한 사랑의 표현으로 제시될 때에만 선물이라 할 수 있습니다.

선물은 사랑의 시각적 상징입니다. 선물의 크기, 모양, 색깔, 가격은 상관없습니다. 돈을 주고 살 수도 있고, 어디선가 찾아낼 수도 있으며, 직접 만들 수도 있습니다. 선물이 제1의 사랑의 언어인 사람에게 선물의 가격은 그다지 중요하지 않습니다. 시중에서 카드를 사서 마음을 전할 수도 있고, 재활용 종이로 카드를 직접 만들 수도 있습니다. 여러분의 마음과 받는 사람의 취향이 반영되었다면 모두 의미 있는 선물이 될 수 있습니다.

사랑의 언어, 선물 주기를 배우라

처음에는 선물을 주는 것이 자연스럽게 느껴지지 않을 수 있습니다. "나는 선물을 줄 줄 모르는 사람인데……. 어떤 걸 골라야 할지 전혀 모르겠어."라며 걱정할지도 모릅니다. 두려워하지 마십시오. 그리고 축하합니다! 여러분은 방금 누군가를 사랑한다는 것의 핵심을 발견했습니다. 사랑에는 노력이 필요합니다. 사랑을 위해서는 종종 여러분이 말해 본 적이 없는 사랑의 언어를 배워야 할 때가 있습니다. 다행히 선물 주기는 가장 배우기 쉬운 사랑의 언어에 속합니다.

모든 사랑의 언어가 그렇듯이 선물의 언어 또한 구체적이고 개인적인 방법으로 구사할수록 상대방에게 더 많은 사랑을 느끼게 할 수 있습니다. 선물이 제1의 사랑의 언어인 사람들은 다른 사람들이 자신을 생각하고 있다는 사실을 중요시합니다. **그들은 선물을 주는 사람이 자신을 위해 선물을 구하려고 시간과 노력을 들였다는 점에서 사랑받는다고 느낍니다.** 좋은 선물을 주려면 상대방을 잘 알아야 합니다. 그러려면 탐정과 같은 사고방식이 필요합니다.

선물 주기의 기술을 완벽하게 습득하기 위한 2가지 팁을 주겠습니다. 첫째, 잘 들으십시오. 친구가 새로 좋아하게 된 작가에 대해 이야기할 수 있습니다. 그렇다면 그 작가의 책을 사주는 것은 어떨까요? 동생이 항상 친구의 회색 후드티를 빌려 입고 다닐 수 있습니다. 동생의 옷 사이즈를 확인하여 새 후드티를 사주는 것은 어떨까요? 엄마가 자주 쓰던 헤드폰을 잃어버렸을 수도 있습니다. 무엇을 선물할지 알겠지요? 아빠가 면도를 하다가 무뎌진 날에 베였다고 투덜댈 수 있습니다. 어버이날 새로운 면도기를 선물하는 것은 어떨까요? 친구가 한 야구팀의 팬이 되었습니다. 생일 선물로 그 팀의 유니폼을 선물하는 것은 어떨까요? 완벽한 선물을 찾게 해줄 힌트가 일상생활 곳곳에 숨어 있습니다. 그저 듣기만 하면 됩니다.

둘째, 목록을 만드십시오. 그렇지 않으면 다음 해 다른 사람들의 생일이 돌아왔을 때 또다시 머릿속이 멍해질 것입니다. 휴대폰에 "＿＿＿를 위한 선물 아이디어"라는 메모를 저장해 놓으면 좋을 것입니다. 이 정도로 고민해서 준비한 선물을 상대방에게 주면 어떠한 반응을 보일지 상상해 보십시오. "내가 이걸 좋아한다는 걸 기억하다니!" "지나가는 말로 몇 달 전에 한마디 했을 뿐인데!"

직접 만든 녹음테이프가 완벽한 선물이었던 시절이 있습니다. 라디오 방송에서 나오는 노래나 다른 테이프에 있는 노래를 조각조각 녹음해서 받는 사람만을 위한 특별한 음반을 만들 수 있었지요. 만드는 데 시간이 오래 걸리고 지직거리는 소리가 나기도 했지만 정성이 확실히 느껴졌습니다. 값싸지만 주는 사람의 마음이 가득 담긴 소중한 선물이었지요.

녹음테이프 같은 선물은 여러분이 그 사람을 생각하고 있었다는 것을 나타냅니다. 음악 앱을 이용하여 노래를 선물해도 좋습니다. 플레이리스트를 만들어 공유해도 좋습니다. 재미있는 동영상 링크를 보내 줘도 좋습니다. 친구가 보고 웃을 게 뻔한 십자수 베개 커버를 주문해도 좋습니다. 좋아하는 사진을 액자에 담아서 주거나, 함께 여행하며 찍었던 사진을 모아 앨범을 만들어 주어도 좋습니다. 시장에서 싱싱한 꽃이

나 신선한 복숭아를 사서 선물해도 좋습니다. 선물을 상대방의 가방 속에 몰래 숨겨 놀라게 해주는 것은 어떨까요? 작지만 사려 깊은 행동들이 여러분의 정성을 보여 주는 소중한 선물이 될 수 있습니다.

컬렉션

사랑하는 사람이 선물을 정말 좋아한다면, 여기 괜찮은 아이디어가 있습니다. 간단하면서도 계속 이어질 수 있는 선물을 컬렉션으로 주는 것입니다. 그 사람이 이미 모으고 있는 컬렉션이 있다면, 그중 빠진 것을 주면 됩니다. 아니면 새로운 컬렉션을 시작해 줄 수도 있습니다. 그가 어떤 것을 좋아할지 생각해 보십시오.

- 희귀한 야구 카드
- 크리스마스트리 장식
- 각 나라의 동전
- 빈티지 화보나 책
- 특이한 머그잔
- 포켓몬 카드(어린 동생이라면)
- 작은 장식이 달린 은팔찌

예를 들어, 엄마가 액세서리를 좋아하신다면 작은 장식이 달린 팔찌가 아주 좋은 선물이 될 수 있습니다. 처음에는 팔찌를 사야 하는 것이 부담스러울 수 있겠지만, 이것을 초기 투자 비용쯤으로 생각하십시오. 대신 팔찌에 다는 장식은 비교적 저렴하고 종류도 다양하여 계속해서 새로운 것을 선물할 수 있습니다. 엄마가 좋아할 것 같은 장식을 직접 골라 보십시오. 엄마 이름의 이니셜, 보석, 동물, 하트, '엄마'라고 쓰인 장식 등 여러 가지가 있습니다. 이 팔찌는 점점 엄마만의 것으로 바뀌게 됩니다. 장식 하나하나마다 엄마와 여러분 사이의 추억이 깃들어 있으니까요.

돈에 대한 태도

사람마다 돈의 목적에 대한 생각이 다르고 돈을 쓰는 것과 관련해 다른 느낌을 가지고 있습니다. 소비 성향이 있다면 선물을 사며 돈을 쓸 때 기분이 좋을 것입니다. 반면 저축 성향이 있다면 돈을 저축할 때 뿌듯함을 느낄 것입니다. 돈을 쓰는 것에는 저항감을 느끼며 이렇게 생각할 수 있습니다. '나를 위한 물건도 안 사는데 왜 다른 사람을 위해 무엇을 사야 하지?'

선물을 제대로 주는 사람이 되려면 돈에 대한 태도를 바꿔야 합니다. 씀씀이가 큰 사람이라면 돈이 적게 들거나 돈이 하나도 들지 않는 선물이 어떤 가치를 지니는지 깨달아야 합니다. 절약 정신이 투철한 사람이라면 관점을 바꾸어 어느 정도 돈을 쓰는 것은 현명한 투자가 될 수 있다는 것을 깨달아야 합니다. **사랑하는 사람을 위해 선물을 사는 것은 관계를 위한 투자이며, 상대방의 사랑 탱크를 채워 주게 됩니다.**

재정적인 면에서는 양극단 모두 피하는 것이 좋습니다. 세상에서 가장 선물을 후하게 하는 사람이 되겠다고 카드빚을 지고 싶지는 않을 것입니다. 그렇다고 스크루지 영감처럼 돈을 붙들고 쓰지 못하는 사람이 되라는 말이 아닙니다. 주어진 수단 안에서 현명하면서도 후한 선물을 할 수 있습니다.

옛날 녹음테이프처럼 값싼 선물도 정성 가득한 선물이 될 수 있습니다.

존재의 선물

선물이라는 사랑의 언어에는 형태는 없지만 매우 중요한 방언이 한 가지 있습니다. '자아의 선물' 혹은 '존재의 선물'입니다. 사랑하는 사람이 여러분을 필요로 할 때는 함께 있어 주십시오. 선물이 제1의 사랑의 언어인 사람에게는 큰 소리로 사랑의 언어를 구사하는 것일 수 있습니다.

존재의 강력한 힘을 과소평가하지 마십시오. 어려울 때 곁을 지키는 것이야말로 여러분이 줄 수 있는 가장 강력한 선물입니다. 여러분의 몸이 여러분의 사랑을 나타내는 상징이 됩니다.

상대방의 사랑의 언어가 선물이라면 위기의 순간에 반드시 옆에 있어 주십시오.

경고 : 뇌물을 피하라

모든 사랑의 언어에는 반대되는 면이 있습니다. 진심과 정성이 담긴 선물의 반대는 뇌물, 즉 대가로 무엇을 얻으려고 하거나 누군가에게 부당하게 영향력을 행사하려고 주는 선물입니다. 뇌물에는 항상 비뚤어진 동기가 숨어 있습니다. 처음에는 아닌 것같이 보여도 결국에는 대가를 요구할 것입니다. 요구를 거절하면 죄책감을 느끼게 하고 조종하려고 들 수도 있습니다. 뇌물은 다양한 형태와 모습으로 나타납니다. 돈으로 우정을 사려고 하는 친구, 자기의 잘못을 비밀로 하려는 친구, 미끼를 써서 여러분을 어디론가 데려가려는 지인이나 낯선 사람……. 의심을 품고 상식적으로 행동하십시오. 탐나는 선물 속에 어떤 동기가 숨어 있는지 파악하십시오.

뇌물을 피하기 위한 전략

1. 예의 바르게 거절하십시오. "감사하지만 괜찮습니다."라고 하며 뇌물을 차단하십시오.
2. 조언을 줄 수 있는 사람(부모님, 선생님, 목사님, 연상의 형제자매)에게 의견을 구하십시오. "이게 어떤 뜻인 것 같아요?"
3. 고립된 상황에 빠지지 않도록 하십시오. 어렸을 때 낯선 사람의 차에 타지 말라는 가르침을 받았을 것입니다. 같은 가르침을 청소년이나 성인에게 대입하면, 모르는 사람의 미끼에 빠져 여러 사람이 있는 장소를 벗어나지 말라는 것입니다. 의심이 들 때는 그 장소에서 벗어나십시오.
4. 본능을 믿으십시오. 본능적으로 무엇인가 이상하다고 느껴지고 불편하다면 육감을 무시해서는 안 됩니다.

선물을 상대방의 주된 사랑의 언어로 인식하기

어떤 사람들은 선물이 제1의 사랑의 언어입니다. 선물을 받을 때 가장 깊은 사랑을 느끼는 것이지요. 하지만 이기적으로 보일까 봐 이 사실을 잘 말하지 못합니다. 이것은 물질 만능주의의 문제가 아닙니다. 잘 고른 선물이 어떤 상징적 가치를 지녔는가가 중요합니다. 상대방의 사랑의 언어가 선물이라는 것을 알게 되었다면, 그 사람에게는 의도적으로 선물을 더 하려고 해야 합니다.

선물이 사랑의 언어인 사람들은 비싼 선물만 좋아할 것이라고 오해하곤 합니다. 그렇지 않습니다. 그들은 선물이 주는 사람을 대변한다고 생각하며 받은 선물의 금전적 가치보다 거기에 담긴 진정성을 중요하게 여깁니다. 그렇다고 비싼 선물을 좋아하지 않는다는 말은 아닙니다! 그들은 올바른 방법으로 주어지는 것이라면 사실상 모든 선물을 좋아합니다.

벤이 한나와 사귀고 나서 한나가 선물을 좋아한다는 것을 깨닫는 데는 그리 오랜 시간이 걸리지 않았습니다. 처음으로 한나의 집에 놀러갔을 때, 한나는 거실 장식장에 있는 작은 물건들을 하나하나 보여 주며 거기에 담긴 이야기를 해주었습니다. 벤의 눈에는 잡동사니처럼 보였던 물건에서 한나는 순수한 기쁨을 느끼고 있었습니다.

한나에게 사랑을 보여 주기 위해 벤은 생일이나 다른 기념일을 절대 놓치지 않을 것입니다. 그리고 여름 방학이 시작되는 날, 사귄 지 여섯 달째가 되는 날, 올해의 마지막 눈이 내리는 날 등에도 예고 없이 조그만 선물을 할 것입니다. 여행을 가면 엽서를 보낼 뿐 아니라 다른 선물도 준비할 것입니다. 산악자전거를 타러 갔다가 발견한 예쁜 돌, 야구 경기에서 잡은 홈런 볼, 항구에서 산 지역 특산품 초콜릿 등 깜짝 선물들을 통해서 전해지는 벤의 사랑이 한나에게는 아주 큰 의미로 다가올 것입니다. 그리고 벤이 멀리 떨어져 있을 때도 자신을 생각한다는 것을 알게 될 것입니다.

사랑하는 사람의 제1의 사랑의 언어만 사용해야 한다는 말이 아닙니다. 5가지 사랑의 언어 모두로 사랑을 주고받아야 합니다. 다만 상대방의 제1의 사랑의 언어를 사용하지 않으면 나머지 언어로 표현해도 그에게 사랑이 전해지지 않을 것입니다. 제1의 사랑의 언어를 사용해야 상대방이 나머지 언어를 통해서도 사랑을 강력하게 느낄 수 있습니다.

　상대방의 제1의 사랑의 언어가 선물이 아니라고 해서 생일이나 명절에 선물을 생략해도 되는 것은 아닙니다. 어버이날에 엄마에게 아무것도 선물하지 않는 것은 예의에 어긋난 태도입니다. 엄마의 제1의 사랑의 언어가 선물이 아닐지라도, 엄마는 여러분이 고민하며 고른 선물에 감동할 것입니다.

■ **생각해 보세요**

1. 5가지 사랑의 언어 중에서 하나를 제1의 사랑의 언어로 사용한다는 것을 다시 한 번 기억하세요. 선물이 나의 제1의 사랑의 언어는 아닌가요? 선물을 통해 특별히 더 기분 좋고 사랑받는다고 느끼나요?

2. 이제까지 받은 선물 중 가장 뜻깊은 것은 무엇인가요? 그 이유는 무엇인가요?

3. 선물이라는 사랑의 언어를 가족 간에 어느 정도나 구사하나요?

4. 이 장 시작 부분에 나온 상상 속의 이야기로 돌아가 봅시다. 불타는 집에서 어떤 물건을 꺼내 올 건가요? 왜 그 물건이 나에게 그토록 소중한가요?

5. 이 세상에 있는 모든 선물 중에서 하나를 골라서 받을 수 있다면 무엇을 선택할 건가요? 그 이유는 무엇인가요?

6. 광고는 선물의 의미를 왜곡하기도 합니다. 내가 보는 광고를 분석해 보세요. 보석 광고를 예로 들어 봅시다. 선물을 받으면 모든 사람이 사랑을 느낄 거라고 암시하는 것 같지 않나요? 광고가 선물에 담긴 사랑을 가격과 어떻게 연관시킵니까?

7. 가까운 사람들에게 좋아하는 선물이 무엇인지, 그것이 어떤 의미인지 물어보세요. 선물이 사랑의 언어인 사람을 알아보는 데 도움이 될 것입니다.

05
사랑의 언어 #4 봉사

차고 문이 열리는 소리가 들리자 매켄지는 재빠르게 마지막 증거를 숨겼습니다. 그러고는 빗자루, 종이 타월, 걸레, 그리고 스프레이 클리너를 제자리에 가져다 놓으러 세탁실로 달려갔습니다. 엄마가 계단을 다 올라왔을 즈음 매켄지는 침대에 누워 한가하게 휴대폰을 들여다보았습니다.

"매켄지, 오늘 하루는 어땠니?" 엄마가 지친 목소리로 물었습니다. 매켄지는 고개를 들어 엄마를 보고는 표정이 변하려는 것을 간신히 참아냈습니다. "체육 시간만 빼고 괜찮았어요. 또 배드민턴을 해서." 매켄지가 투덜대며 대답했습니다.

엄마는 살짝 미소를 지어 보이며 옷을 갈아입기 위해 방 밖으로 나갔습니다.

3분 후, 엄마는 기쁨과 에너지로 가득 찬 화사한 얼굴로 매켄지의 방으로 다시 왔습니다. "엄마를 위해서 화장실 청소를 했구나! 네가 화장실 청소하는 걸 얼마나 싫어하는지 내가 아는데, 안 그래도 이번 주 너무 지쳐 있었는데, 고맙다!" 그렇다고 걸레질을 좋아하게 된 건 아니지만, 매켄지는 엄마의 표정을 보며 30분 동안 정신없이 청소한 보람을 느꼈습니다.

매켄지는 청소 전문가가 아닙니다. 엄마의 제1의 사랑의 언어인 봉사를 할 줄 안다는 점에서 그보다는 언어학자에 가깝다고 할 수 있지요. 매켄지는 이번 주 내내 엄마가 직장과 집을 정신없이 오가는 것을 보았습니다. 그녀는 엄마에게 사랑을 가장 잘 전하기 위해서는 직접 봉사해야 한다는 것을 깨달았습니다. 그래서 엄마를 대신해서 화장실을 청소한 것입니다. 엄마를 사랑하기 때문에 그녀는 청소를 했습니다. **기억하십시오. 사랑은 행동입니다.**

봉사 : 의도적으로 그 사람이 예상하지 못한 도움을 주는 것

예상하지 못한 도움

위에 나온 봉사의 정의에서 '예상하지 못한'이란 부분이 눈에 띕니다. 만약 침대 정리하기, 쓰레기 버리기, 고양이에게 사료 주기 등 정해진 집안일을 하고 일주일 치 용돈을 받는다면, 그것은 봉사가 아닙니다. 방 청소도 마찬가지입니다. 방을 돼지우리처럼 지저분하게 쓴다면, 방 한가운데 쌓여 있는 옷더미를 치우는 일은 방의 주인인 여러분의 몫이지 봉사가 아닙니다.

기대 범위를 넘어서 예상하지 못한 구역으로 넘어갈 때가 봉사입니다. 매켄지가 화장실 청소를 한 것처럼 말입니다. 매켄지는 일부러 친절한 행동을 해서 엄마를 놀라게 하고, 일손도 거들어 주었습니다. 이것이 바로 봉사입니다.

어떤 영향을 주는가

봉사를 통해 사랑을 소통하고 싶다면 무작정 열심히 하는 것은 도움이 되지 않습니다. **어떤 봉사의 행동이 상대방에게 가장 큰 영향을 줄 수 있을지 생각해야 합니다.**

- 호숫가에 있는 할아버지의 별장 뒷마당에서 모기에 376번이나 물리며 잡초를 8시간 동안 뽑을 수 있습니다. 아니면 4분 만에 침대를 정리해서 할머니를 깜짝 놀라게 할 수도 있습니다. 어떤 것이 더 큰 영향을 주겠습니까?
- 서랍장 안에 쌓인 동생의 더러운 양말을 일일이 확인해 가며 짝을 맞춰 줄 수 있습니다. 아니면 동생이 졸랐던 대로 2분을 투자해서 공룡 장난감의 떨어진 목을 접착제로 붙여 줄 수도 있습니다. 어떤 것이 더 큰 영향을 주겠습니까?
- 여자 친구가 가장 좋아하는 음식은 아보카도입니다. 신선한 아보카도를 구하기 위해 3시간 거리에 있는 시장에 다녀올 수 있습니다. 아

니면 스트레스를 받으며 내일이 마감인 연구 과제를 하던 여자 친구가 방금 프린터 용지가 떨어졌다고 하여 새 용지를 사다 줄 수도 있습니다. 어떤 것이 더 큰 영향을 주겠습니까?

봉사는 얼마나 시간을 투자했느냐, 얼마나 열심히 했느냐로 평가받지 않습니다. 여러분이 사랑하는 사람에게 어떤 영향을 주었느냐, 즉 봉사의 효과로 평가받습니다.

이렇게 생각해 보십시오. 야구에서 선발 투수는 변화구가 직구와 같은 위치에 떨어지도록 꾸준히 투구 동작을 연습할 것입니다. 선발 투수로서 해야 할 역할을 잘해 내기 위해 연습을 아무리 많이 했어도 땅볼이나 직선 타구를 잡는 연습을 수백 번은 더 할 것입니다. 매일 밤 경기 영상을 보면서 수많은 타자와 주자들의 성향도 분석할 것입니다.

하지만 결국 그를 판단하는 기준이 되는 것은 단 하나, 바로 타자를 아웃시켰느냐 하는 것입니다. 만약 타자를 아웃시키지 못했다면 그가 한 일들은 아무 소용이 없게 됩니다. 중요한 것은 꼭 필요한 일을 효과적으로 해냈느냐 하는 것입니다.

이 교훈을 봉사에도 적용할 수 있습니다. 우리는 일상의 모든 일을 대신해 주는 것으로 사랑을 표현하지는 않습니다. 이는 열심이 지나친 것입니다. 그것도 쓸데없는 일에 말입니다. **다른 사람들의 사랑 탱크를 채워 주려면 선택적으로 봉사해야 합니다. 무엇이 가장 큰 영향을 줄지 고려하여 상대방이 의미 있게 느끼도록 먼저 나서서 올바른 태도로 봉사해야 합니다.**

진정한 봉사는 다음을 포함합니다.

손 : 아주 당연합니다. 무언가를 실제로 '해야' 합니다.

마음 : 봉사의 동기는 사랑입니다. 잘난 척을 하려거나 돌아올 것을 기대해서, 혹은 상대방을 조종하려는 마음에서 봉사를 해서는 안 됩니다.

머리 : 의미 있는 봉사를 고르도록 열심히 생각하십시오. 부엌 물건을 새로 재배치하는 것? 좋은 생각이 아닙니다. 설거지가 끝난 그릇을 찬장에 옮기는 것? 아주 좋은 선택입니다.

주도적인 사람이 돼라

모건은 헌혈을 자주 했습니다. 교통사고를 당한 사람이나 큰 수술을 받는 환자의 생명을 자기의 혈액으로 살리는 장면을 떠올리면 고결하다는 느낌이 들었습니다. "오늘 헌혈했습니다."라고 쓰인 스티커를 붙이고 혈액은행에서 걸어 나오면 그렇게 기분이 좋을 수 없었습니다. 그녀는 자신이 약간 자만하고 있다는 것을 스스로 인정했습니다. 헌혈의 가치를 굳게 믿었던 그녀는 마치 전도자처럼 다른 사람들에게도 헌혈을 권유했습니다.

그러던 어느 날 모건은 헌혈을 거부당했습니다. 헌혈 전에 몇 가지 서류 작업과 검증 절차가 있는데, 철분 부족이라는 진단을 받은 것입니다. "죄송합니다. 다음번에 오셔야 할 것 같아요." 이번에 받은 스티커에는 다른 문구가 쓰여 있었습니다. "헌혈은 좋은 일입니다."

헌혈을 직접 하는 것과 헌혈의 가치를 생각하는 것에는 분명한 차이가 있습니다. 그날 모건은 마치 굴욕을 당한 것 같은 기분이 들었습니다. 진짜 스티커를 붙이고 혈액은행을 나서는 사람들을 보니, 자기가 받은 스티커가 슬픈 변명을 하고 있는 것처럼 느껴졌습니다.

이 개념을 봉사에도 적용해 봅시다. 여러분은 봉사를 합니까, 아니면 봉사의 가치를 믿기만 합니까?

지친 일과를 마치고 퇴근한 아빠가 집에 오자마자 청소를 하면 소파에 앉아 그저 바라보고만 있습니까, 아니면 아빠를 도와드립니까?

컴퓨터를 다루는 데 서툰 친구가 과제를 업로드하지 못해 고생하면 그 모습을 즐거운 듯이 지켜보고만 있습니까, 아니면 조용히 옆에 앉아서 (벌써 아홉 번째라고 해도) 인내심 있게 가르쳐 줍니까?

엄마가 정성 들여 차려 주신 저녁 식사를 다 먹고 나면 바로 친구를 만나러 달려나갑니까, 아니면 친구에게 늦는다고 문자 메시지를 보내고 엄마를 도와 정리를 합니까?

홀로 외로워하시는 할아버지가 병원에 같이 갈 사람이 필요하다는 걸 알았을 때 눈이 마주칠까 봐 고개를 돌립니까, 아니면 같이 가드리겠다고 자원합니까?

여러분은 봉사를 합니까, 아니면 봉사의 가치를 믿기만 합니까?

봉사를 하기로 선택하는 것과 억지로 봉사를 하게 되는 것에도 차이가 있습니다. 자신이 주도하는가 아닌가가 다릅니다. 주도하는 봉사는 여러분이 먼저 필요를 발견하고, 누가 묻기도 전에 그 필요를 채우기로 선택하는 것입니다. 부모님이 먼저 다음 주에 있을 가족 모임을 위해 준비할 것들을 목록으로 만들었다고 합시다. 여러분은 1) 부모님이 계속 잔소리할 때까지 이기적으로 꾸물대거나, 2) 주도권을 가지고 목록에서 자기가 잘할 수 있는 일을 골라 처리할 수 있습니다. 1번을 선택한다면 부모님은 여러분을 인터넷 경매 사이트에라도 내다 팔고 싶은 심정이 들 것입니다. 2번을 선택한다면 모임에서 여러분을 자랑하느라 바쁠 것입니다. 선택은 여러분의 몫입니다. 그 선택은 진취성에서 비롯됩니다.

명심하세요. 봉사를 거절하거나 미루면 상대방에게 이런 메시지를 전달하게 됩니다. '이 일은 나에게 중요하지 않아요.' 그러면 상대방은 이것을 자신에 대한 개인적인 감정에서 비롯된 것으로 받아들일 것입니다. '당신은 나에게 중요하지 않아요.'라는 뜻으로 확대 해석할 수도 있습니다.

사랑은 값없이 주어지는 것입니다. 요구하거나, 꼬드기거나, 위협해서 얻을 수 없습니다. 그래서 사랑하는 사람을 위해 내가 먼저 섬기는 행위를 하는 것이 중요합니다. 그러지 않으면 사랑으로 느껴지지 않습니다.

태도

실제적인 봉사의 행위만큼이나 중요한 것이 봉사할 때의 태도입니다. 사실 아무리 좋은 일이라 해도 잘못된 태도로 하면 안 하느니만 못합니다. 엄마를 위해 봉사할 때 여러분이 화가 나 있거나 짜증이 나 있으면, 엄마는 존중받지 못한다고 느낄 것입니다. 자신을 마치 여러분의 시간과 에너지를 앗아 가는 귀찮고 부담스러운 존재로 여기는 것 같아 기분이 상할 수도 있습니다. 여기서 무슨 사랑을 기대할 수 있겠습니까?

효과를 극대화하려면 **열정적으로 봉사하십시오.** 사랑하는 사람에게 의미 있는 일을 한다는 기쁨을 가지고 봉사하십시오. 그 일이 비록 익숙하지 않더라도 **즐겁고 겸손한 마음으로 하십시오.** 봉사할 때는 이목을 끌려 하지 말고, 나중에 생색내려 하지도 마십시오. 영웅처럼 굴지도 말고, 순교자처럼 굴지도 마십시오. 누구를 위해서 왜 그 일을 하는지 기억하십시오.

경고 : 현관 깔판 증후군

봉사≠노예. 수학 시간에 이 기호를 배운 적이 있지요? 봉사하는 것과 노예가 되는 것은 같지 않습니다.
여기에는 아주 큰 차이가 있습니다. 노예의 마음은 닫혀 있으며, 분노, 분개, 비통함만이 가득합니다.
이 시나리오(현실보다 더 실제적입니다)를 한번 상상해 보십시오. 한 아내가 남편을 위해 수년째 봉사해 오고 있습니다. 남편은 아내의 봉사를 당연하게 여기면서 아내를 무시하고 사람들 앞에서 망신을 줍니다. 아내가 어떤 기분이 들겠습니까?
아니면 이 시나리오(역시나 실제적입니다)를 상상해 보십시오. 두 명의 친구가 있습니다. 첫 번째 친구는 소위 말해 잘나가는 친구입니다. 두 번째 친구는 이 친구를 부러워하며 따라다닙니다. 그러면서 첫 번째 친구가 원하는 것이라면 모든 해줍니다. 하지만 잘나가는 첫 번째 친구는 두 번째 친구의 이런 행동을 당연하게 여기면서 그를 무시하고 이용합니다. 당하는 그 친구의 기분은 어떨까요?

마치 현관 앞에 놓인 깔판처럼 대하는 상황입니다. 신발 바닥을 문지르고 그 위를 걸어 다니는 것 같지요. 현관 깔판은 의지를 가지고 있지 않습니다. 다른 사람을 물건처럼 대한다면 진정한 사랑은 사라지고 말 것입니다. 조종은 사랑의 언어가 아닙니다. "사랑한다면 나를 위해서 이걸 해줘." 공포에 의한 강압도 사랑을 사라지게 합니다. "이렇게 해. 아니면 후회할 거야."

절대 다른 사람을 현관 깔판처럼 대해서는 안 됩니다. 부모님, 형제자매, 친구들, 이성 친구도 마찬가지입니다.

다른 사람이 여러분을 현관 깔판처럼 대하게 내버려 두어서도 안 됩니다. **다른 사람이 여러분을 이용하거나 함부로 대하도록 하는 것은 진짜 사랑이 아닙니다.** 오히려 반역입니다. 현관 깔판처럼 굴면 조종하는 사람은 비인간적인 습관을 갖게 됩니다. "더 나은 대우를 요구할 만큼 나는 나 자신을 충분히 사랑해. 네가 나를 이렇게 대하게 내버려 둘 수는 없어. 너에게도 나에게도 좋지 않은 행동이기 때문이야."라고 말하는 것이 사랑입니다. 사랑은 강합니다.

건강한 관계에서는 학대를 받아서가 아니라 스스로의 선택에 따라 대가 없이 봉사함으로써 사랑을 표현합니다. 사랑하는 사람은 섬깁니다. 섬기는 사람은 "주는 것이 받는 것보다 복이 있다"(행 20:35)는 진리를 발견합니다.

예수님의 본보기

봉사가 어떤 모습인지 알고 싶나요? 예수님의 본보기를 살펴봅시다. 예수님이 이 세상에서 보내시는 마지막 날이었습니다. 예수님은 배신, 재판, 고문 그리고 죽음이 닥칠 것을 알고 계셨습니다. 예수님은 마지막 밤을 제자들과 함께 보내셨습니다.

자, 만약 여러분이 곧 사형대에 끌려가게 된다면 어떻게 할 것 같나요? 최후의 시간을 자신만을 위해 쓰는 것이 이상하지 않을 것입니다. 옆에 있어 줄 친구를 부를지도 모르고, 엄마에게 가장 좋아하는 요리를 해달라고 할지도 모릅니다. 품위 있게 죽음을 맞이하기 위해 긴장을 풀려고 동생에게 온갖 변덕을 부릴지도 모릅니다.

하지만 예수님은 그러지 않으셨습니다. 예수님은 마지막 날임을 아시면서도 제자들을 섬기셨습니다. "세상에 있는 자기 사람들을 사랑하시되 끝까지 사랑하시니라"(요 13:1). 예수님은 너무나도 극적인 봉사를 통해 사랑을 보여 주셨습니다. 식사 도중에 일어나 허리에 수건을 걸치고 대야에 물을 받아 제자들의 발을 하나하나 씻기셨지요.

얼마나 혐오스러운 일입니까? 당시에는 사람들이 샌들을 신고 더러운 거리를 다녔습니다. 자주 씻지도 않았습니다. 그들의 발은 땀과 먼지로 떡이 져 있었습니다. 그런데 그들의 스승이자 구주이셨던 예수님은 낮은 자리로 가셔서 그들을 섬기셨습니다.

스물네 개의 발을 모두, 유다의 발까지도 씻기셨습니다. 유다가 곧 예수님을 배신할 것이라는 사실을 알고 계셨는데도 말입니다. 마지막 발을 씻기신 후, 예수님은 제자들에게 "내가 너희에게 행한 것을 너희가 아느냐"(요 13:12)라고 물으셨습니다. 제자들은 여전히 충격에 빠진 상태로 예수님을 멀뚱히 바라보았습니다. "내가 주와 또는 선생이 되어 너희 발을 씻었으니 너희도 서로 발을 씻어 주는 것이 옳으니라 내가 너희에게 행한 것같이 너희도 행하게 하려 하여 본을 보였노라"(요 13:14-15).

자, 알겠습니까? 사랑은 섬기는 것입니다.

감사를 느끼는가?

어린아이들은 봉사 받기를 기대합니다. 그들은 돈을 벌 필요도, 재산세를 낼 필요도, 저녁 식사를 준비할 필요도, 심지어는 학교에 스스로 시간 맞추어 갈 필요도 없습니다. 부모가 그 모든 것을 관리하기 때문입니다. 이는 자연스러운 일입니다.

나이를 먹어 가며 아이가 부모가 주는 혜택을 당연하게 여기지 않기 시작할 때 성숙도가 바뀝니다. "나는 대접을 받아야지."에서 "감사합니다."로 태도가 변하는 것입니다.

다른 사람들을 섬기는 것은 많은 사람의 삶에 영향을 줍니다. 여러분의 삶도 포함됩니다. **다른 사람들에게 봉사를 하다 보면 그들이 여러분을 위해 어떤 봉사를 하고 있는지 알게 됩니다.** 예를 들어, 화장실 청소를 하다 보면 엄마가 여러분을 위해 얼마나 많은 청소를 해주고 있는지 깨닫게 됩니다. 봉사는 관계를 평등하게 해줍니다. 일방적으로 한쪽이 받는 관계에서 양쪽이 주고받는 관계가 되게 합니다. 그리고 봉사를 받기만 하는 사람보다 섬기는 사람이 훨씬 더 감사해하는 경향이 있습니다.

봉사 혁명

내가 하는 봉사에 혁명을 일으키기 위해 아이디어가 필요합니까?

1. 엄마의 생신날 아침에 생신상을 차려 드린다.
2. 장 본 물건을 나른다.
3. 시험 기간인 동생을 위해 집안일을 대신 해준다.
4. 이웃집 화단에 물을 준다.
5. 선생님께 도움이 필요하지는 않으신지 여쭤본다.
6. 봉사 활동 단체에 참가한다.
7. 교회에서 어린아이들을 가르친다.
8. 결석한 친구를 위해 숙제 목록을 적어 준다.
9. 가족과 함께 노숙자 쉼터에 가서 봉사한다.
10. 아버지가 병으로 투병 중이신 친구의 집을 방문한다. (먹을 것도 들고 간다.)
11. 난독증이 있는 친구를 위해 숙제를 도와준다.
12. 집 안 구석구석 청소기를 돌린다.

■ 생각해 보세요

1. 5가지 사랑의 언어 중에서 하나를 제1의 사랑의 언어로 사용한다는 것을 다시 한 번 기억하십시오. 봉사가 나의 제1의 사랑의 언어는 아닌가요? 봉사를 통해 특별히 더 기분 좋고 사랑받는다고 느끼나요?

2. 누군가가 나를 위해 기억에 남을 만한 봉사를 해준 적이 있나요? 그 봉사가 왜 특히 기억이 남는 것 같나요?

3. 봉사라는 사랑의 언어를 가족 간에 어느 정도나 구사하나요?

4. 다른 사람들을 위해 기꺼이 봉사하나요? 그렇지 않다면 왜 봉사가 어려운 것 같나요?

5. 지난 달 가족을 위해 어떤 봉사를 했나요?

6. 친구를 위해 어떤 봉사를 했나요?

7. 최근에 다른 사람들이 나를 위해 봉사를 한 적이 있나요?

8. 나에게 중요한 사람들의 목록을 살펴보세요. (종이가 가득 찰 정도가 아닌 소수의 몇 가지 관계여야 합니다.) 각 사람에게 어떤 봉사가 의미 있을지 생각해 보고, 봉사를 받는 사람의 반응에 주의를 기울이세요. 무던한 목소리로 "어, 고마워."라고 반응한다면 봉사는 그의 제1의 사랑의 언어가 아닐 수 있습니다. 세상을 얻은 것처럼 기뻐한다면 그의 사랑의 언어가 무엇인지 알겠지요?

A TEEN'S GUIDE TO THE
5 LOVE LANGUAGES®

06
사랑의 언어 #5 스킨십

팔라시오(R. J. Palacio)의 『원더』(Wonder)는 단시간에 베스트셀러에 오른 책입니다. 주인공인 어거스트는 심각한 얼굴 기형을 가지고 있습니다. 홈스쿨을 해오던 어거스트는 처음으로 학교에 가서 5학년 과정을 다니게 되는데, 이 과정에서 많은 어려움을 겪게 됩니다. 어거스트는 깨닫습니다. "얼마 전에 알게 된 건데요. 사람들이 저한테 익숙해져도 아무도 저를 만지지는 않더라고요. 학교에서 애들이 서로를 만지고 돌아다니는 건 아니니까 처음에는 몰랐어요."

그런데 어거스트는 시간이 지나면서 분명한 차이를 깨닫게 됩니다. 체육 수업에서 어거스트와 짝이 된 여자아이가 공황 발작을 일으킨 일. 과학 실습 시간에 어거스트의 옆자리를 피하려고 같은 조 아이들이 건너편 자리를 두고 다툰 일. 어거스트를 마치 괴물이라도 되는 것처럼 취급하는 아이들. 실제로 그 학교의 아이들은 전염병에 대한 거짓 소문을 지어냈습니다. "실수로 어거스트를 만지는 사람은 30초 내로 손을 씻지 않으면 전염병에 걸린다"는 것이었습니다. 학생들이 어거스트를 만지지 않으려고 하는 방식은 정말 잔인했습니다. 그들은 어거스트를 마치 전염병에 걸린 환자처럼 대했습니다.

다른 사람들이 여러분을 만지기를 거부한다면 어떤 기분이 들 것 같습니까?

사람은 수조 단위의 신경 세포를 가지고 있습니다. 태어나면서부터 우리는 스킨십을 갈구하며 울음을 터뜨립니다. 한 연구에 의하면, 스킨십을 받지 못한 영아는 신체적, 정신적, 그리고 정서적 발달이 지체되는 경향이 있다고 합니다. 최소한의 스킨십만을 받았던 아기가 실제로 사망한 극단적인 경우도 있습니다. 아기들은 본능적으로 스킨십을 필요로 합니다. 우는 아기를 안아 들었을 때 울음을 멈추는 것도 다 이런 이유라고 할 수 있습니다. **부드럽고 긍정적인 스킨십은 근본적인 사랑의 언어입니다.**

이는 우리 모두에게 해당합니다. 문제는 스킨십을 별로 받지 못하는 시기가 있다는 것입니다. 아기를 만지거나 처음 보는 개를 쓰다듬는 것을 주저하는 사람은 없습니다. 임산부의 배를 만지기까지 하는 사람도 있습니다(이건 정말 이상합니다). 그런데 사랑이 넘치는 아빠인데도 때로 십대 아들이나 딸을 어떻게 대해야 할지 몰라 어색해할 때가 있습니다. 목마를 자주 태워 주던 아빠가 이제는 여러분과 거리를 둘 수도 있습니다. 여러분에게 어떻게 다가가야 하는지 모르기 때문입니다. 그러면 여러분은 외로움과 고립감을 느낄 수 있습니다.

우리의 몸은 접촉하도록 만들어졌습니다. 오감 중에서 촉각은 다른 감각과 달리 몸의 한 부위에 한정되지 않습니다. 작은 촉각 수용기가 몸 전체에 퍼져 있습니다. 그 수용기를 만지거나 누르면 신경이 자극을 뇌에 전달하고, 뇌가 그 자극을 해석하여 우리는 몸에 닿은 것이 따뜻한지 차가운지 딱딱한지 부드러운지 인지합니다. 그것은 고통이나 쾌감을 일으킵니다. 우리는 그 접촉이 사랑에서 나온 것인지 미움에서 나온 것인지 해석합니다.

스킨십 : 상대방에게 사랑을 전하기 위한 의도적이고 유의미한 인간 사이의 만짐

스킨십은 관계를 만들 수도 있고 깰 수도 있습니다. 증오나 사랑을 전달할 수 있는 것입니다. **상대방의 제1의 사랑의 언어가 스킨십이라면, 여러분의 스킨십은 "네가 미워.", "사랑해." 같은 말보다 더 의미심장하게 와 닿을 것입니다.** 스킨십의 거부는 상대방을 고립시키고 여러분의 사랑을 의심하게 합니다. 침울해 있는 친구의 어깨를 꼭 잡아 주는 일은 "너에게 신경 쓰고 있어. 넌 혼자가 아니야."라고 말하는 것과 같습니다. 스킨십은 신체적으로뿐만 아니라 정서적으로도 소통합니다.

버블랩 가족

어떤 가족은 스킨십에 굉장히 익숙합니다. 포옹이나 뽀뽀, 머리를 쓰다듬는 등의 접촉 없이 집 안을 돌아다니기란 상상하기 힘든 일이지요. 이런 가정에서 스킨십은 지극히 평범한 일입니다.

어떤 가족은 스킨십을 어색해합니다. 포옹은 장례식에서나 하는 것, 뽀뽀는 아이들이 여름 방학 동안 석 달짜리 캠프를 떠날 때나 하는 것으로 여깁니다. 이것이 나쁘다는 말이 아닙니다. 그저 사실일 뿐입니다. 이것이 문제가 되는 경우는 여러분의 제1의 사랑의 언어가 스킨십인데, 가족은 버블랩(완충 작용을 하도록 기포가 들어 있는 비닐 포장재) 보호복을 입고 다니길 좋아할 때입니다. 이런 상황에서 여러분은 저돌적으로 행동할 수밖에 없습니다. 먼저 엄마, 아빠를 포옹으로 붙들고, 똑같이 포옹으로 화답하도록 하는 것이지요. 자녀에게 스킨십이 필요하다는 것을 알게 되면 부모는 보통 이를 따릅니다.

성별 차이

스킨십에도 성별 차이가 있다는 것을 아나요? 여자아이, 남자아이 모두 스킨십을 하지만 그 방식이 다릅니다.

서로 친한 사이인 두 여자아이가 아침에 학교에서 만나 인사를 하는 경우를 떠올려 봅시다. 그들은 한평생을 떨어져 있던 것처럼 서로를 너무나도 반갑게 안아 줄지 모릅니다. 자연스러운 모습입니다.

이번에는 친한 두 남자아이의 경우를 떠올려 봅시다. 그들은 팔씨름을 하는 것처럼 서로의 손을 잡아 쥐고 몸을 살짝 안으로 밀었다 금세 뒤로 나오는 "남자의 포옹"을 할지 모릅니다. 진짜 "포옹"이라고 할 수는 없습니다. 마치 건달들이 하는 인사 같지요. 그런데 이 또한 자연스러운 모습입니다.

나이가 들어 가면서 남자아이와 여자아이의 스킨십 표현 방식은 크게 달라집니다. 여자아이들은 가까이 붙어 앉거나, 서로의 머리를 만져 주기도 합니다. 그런데 대부분의 남자아이들은 멀리 떨어져 앉고, (머리 위로 물을 쏟아붓는 것을 머리를 만져 주는 것으로 치지 않는다면) 머리를 만져 주는 것보다는 몸싸움을 선호합니다. 남자, 여자 모두 스킨십을 주고받지만 서로 다른 모습이지요. 남자아이들은 미식축구나 하키, 그리고 레슬링같이 신체적으로 접촉하는 스포츠를 좋아합니다. 골 세리머니를 할 때는 팀원을 몸으로 밀어붙이기도 합니다. 어떨 때는 복도 한복판에서 씨름을 하기도 합니다. 스킨십을 하기는 하지만 부드럽지는 않습니다. **스킨십은 이처럼 성별에 따라 사회적 영향을 받습니다.**

스킨십은 나이에도 영향을 받습니다. 어린아이들은 아주 편안하고 자연스럽게 서로를 만집니다. 팔씨름을 하고 손장난을 칩니다. 쉬는 시간에는 몸싸움을 하며 뒹굴고, 수영장에서는 물장난을 칩니다. 아이들, 특히 남자아이들은 어떤 놀이나 활동도 신체적으로 접촉하는 스포츠로 만들 수 있습니다. 심지어 독서도 포함됩니다. 그러나 이 시기는 잠시일 뿐, 나이가 들면 이런 행동을 멀리하게 됩니다. 서로 거리를 두지요. 성인들은 서로 악수나 하이파이브 등만 가끔 할 뿐 스킨십을 거의 하지 않습니다. 그러나 우리는 여전히 스킨십을 필요로 합니다.

스킨십은 문화적인 요소도 포함합니다. 다른 나라를 여행해 보면 개인적인 공간을 중요하게 여기지 않는 문화도 있다는 것을 알게 됩니다. (북적대는 군중 사이에서 아무렇지 않게 다른 사람의 몸을 스치고 지나가는 사람들을 보면 알게 될 것입니다. 결벽증인 사람은 숨이 가빠지기 시작할 것입니다.) 미국에서 일반적인 성인 사이의 인사는 악수입니다. 프랑스에서는 양 뺨에 키스를 합니다. 일본에서는 가볍게 고개를 숙입니다. 이런 다양한 문화와 관습은 모두 정상적인 것입니다.

암묵적 스킨십 vs. 분명한 스킨십

사랑의 접촉은 잠깐의 시간이면 충분한 암묵적이고 미묘한 것일 경우도 있습니다. 부엌을 지나면서 엄마의 어깨에 손을 얹는 것처럼 말입니다. 세상은 암묵적 스킨십을 할 기회로 가득 차 있습니다. 방 안을 지나가면서 동생의 머리를 쓰다듬을 수도 있고, 소파에 앉아 언니 옆에 바싹 붙을 수도 있습니다. 이런 스킨십은 시간이 얼마 걸리지 않으며, 본능적으로 나오지 않더라도 무리 없이 할 수 있습니다. 그리고 상대방이 여러분과 소통한다고 느끼게 하는 데 큰 효과가 있습니다. 반면 등 마사지 같은 분명한 스킨십은 주의 집중이 필요하고 시간도 더 많이 들여야 합니다.

사람마다 편안하게 느끼는 스킨십의 유형이 다릅니다. 어떤 사람은 스킨십을 좋아하고, 어떤 사람은 스킨십을 좋아하지 않습니다. 특정 사람과의 스킨십만을 선호하는 사람도 있습니다. 다 괜찮습니다. 각자의 권리니까요. 상대방의 제1의 사랑의 언어가 스킨십이든 스킨십이 아니든, 우리는 그 사람의 개인적인 공간을 존중해야 합니다.

여러분에게는 어떤 스킨십이 편안하고 자연스럽게 느껴집니까? 선호하는 스킨십이 무엇인지 알고 싶다면, 아래의 퀴즈를 풀어 보십시오. 각 관계별로 자연스럽다고 생각되는 스킨십에 V 표시나 × 표시를 하십시오.

관계 → 스킨십 ↓	부모	형제 자매	조부모	다른 가족	친구	여자 친구 / 남자 친구	낯선 사람
포옹							
뺨에 키스하기							
입술에 키스하기							
등 마사지							
발 마사지							
등 토닥이기							
레슬링(몸싸움)							
하이파이브							
가까이 앉기							
손잡기							
악수							

스킨십이 여러분의 제1의 사랑의 언어는 아닙니까? 이 질문에 '예'라고 대답하는 사람은 사랑하는 사람과 신체적으로 가까이 있는 것을 좋

아합니다. **스킨십을 통해 사랑을 느끼는 사람들은 대부분 자신의 제1의 사랑의 언어가 스킨십임을 잘 알고 있습니다.** 그들에게는 스킨십이 너무나도 자연스럽게 느껴지기 때문입니다.

스킨십과 성관계

성관계는 스킨십의 어디에 포함될까요? 스킨십을 정서적 사랑의 언어로 다루려면 반드시 인간의 성관계가 어떠한 영향을 주는지 알아야 합니다.

성관계는 두 사람을 가까이 엮어 주는 힘이 있습니다. 그러나 동시에 공허함을 느끼게 할 수도 있습니다. 현대의 문화에서는 더더욱 그렇습니다. 우리는 성 혁명의 문화적 영향 속에 살고 있습니다.

성욕은 갈증과 마찬가지로 생물학적 필요라는 생각이 널리 퍼져 있습니다. 목이 마르면 물을 마십니다. 배가 고프면 음식을 먹습니다. 성욕이 생기면 충족시킵니다. 많은 사람에게 성관계는 짝짓기와 크게 다르지 않은 것이 되었습니다.

그러나 실제로는 누구도 그렇게 믿지 않는다는 것이 문제입니다. 우리는 전국 어느 음식점에서나 물을 마시고 음식을 먹을 수 있지만, 때와 장소를 가리지 않고 아무하고나 성관계를 가진다고 해서 배타적 성관계를 향한 인간의 깊은 갈망이 채워지지는 않습니다.

하나님의 설계를 살펴봅시다. 한 남자와 한 여자가 평생을 함께합니다. 이것을 사회에서는 "결혼"이라고 부릅니다. **결혼이라는 약속이 가져**

다주는 안전과 안정을 통해서, 성관계는 스킨십이라는 사랑의 언어의 방언으로서 사랑을 표현합니다. 성관계는 강력한 힘을 지니고 있습니다. 우리의 성관계가 배타적인 것이 아닐 때 우리는 모욕감을 느낍니다. 이 문제를 가볍게 다룬다면, 사람들은 몸과 마음에 큰 상처를 입게 될 것입니다. 스킨십이 제1의 사랑의 언어인 사람들에게는 특히 그러할 것입니다.

무제한의 성적 만족을 선택할 것인가, 평생의 반려자와만 성관계를 할 것인가. 이것은 중요한 선택입니다. 다가올 수십 년 동안의 육체적 건강, 정서적 풍요, 성적 만족이 여기에 달렸기 때문입니다. 인생의 다른 중요한 문제들처럼 이 문제에 관해서도 부모님과 이야기를 나눠 보길 바랍니다. 부모님과 이야기할 수 없다면 또래 친구 말고 다른 믿을 수 있는 어른을 찾아보십시오. 단, 가족마다 믿음의 환경과 가치가 다를 수 있습니다. (여러분의 부모님이 '쿨'하지 않을 수도 있습니다. 다만 알려 주고 싶은 것이 있습니다. 부모님은 이 세상 무엇보다 여러분을 가장 사랑한다는 것입니다.)

경고 : 학대

스킨십처럼 왜곡된 사랑의 언어는 없습니다. 슬픈 일입니다.
어릴 때 우리는 적절하고 안전한 스킨십과 부적절하고 위험한 스킨십의 차이에 대해 배웁니다. 의사가 검진을 하는 것은 불편하지만 필요한 일입니다. 신체적, 성적 학대는 부적절하고 위험한 일입니다. 알고 지내는 신뢰할 만한 어른이 괜찮다고 속이면서 학대를 하는 경우가 대부분입니다. 이는 절대 괜찮지 않습니다.

학대받은 과거의 경험으로 힘들어하는 친구가 있을지도 모릅니다. 아니면 여러분이 과거에 일어났던 일로 힘들어하고 있을 수도 있습니다. 통계를 보면 정말 끔찍합니다. 어린이들은 보통 몇 년씩 침묵합니다. 나이가 들어 비밀을 털어놓기 시작하면, 그 대상은 보통 친구입니다.

이런 일이 있다면 어떻게 반응해야 할까요? 상담 자격증이나 법학 지식이 없는 청소년들에게 이것은 감당하기 어려운 중대한 문제입니다. 수십 년간 상담하며 시행착오를 거쳐 증명된 방법을 제시하겠습니다. 믿을 수 있는 어른 2명을 찾으십시오. 부모님, 학교 상담사, 선생님 아니면 목사님이 될 수 있습니다. 왜 그래야 할까요? 학대한 사람이 다른 아이들을 노리고 있을 수도 있기 때문입니다. 피해 아동들에게는 치료가 필요합니다. 이 과정에서 여러분이 친구로서 아주 중요한 지지자가 될 수 있습니다. 그리고 여러분도 누군가의 지지가 필요합니다.

위기와 스킨십

위기 상황에서 우리는 본능적으로 서로 껴안습니다. 상황이 심각할수록 더 그렇습니다. 왜 그럴까요? **스킨십이 사랑을 강력하게 전해 주기 때문입니다.** 위기 상황에서(가족의 죽음이나 교통사고, 무서운 진단, 마음의 상처 등) 우리는 다른 무엇보다 사랑이 필요합니다. 상황을 바꿀 수는 없어도 사랑을 느낀다면 살아남을 수 있습니다.

어려운 처지에 놓인 친구에게 가장 필요한 것은 사랑입니다. 그 친구의 제1의 사랑의 언어가 스킨십이라면 그를 안아 주는 일보다 중요한 것은 없습니다. 정신없이 흐느끼거나 떨고 있는 친구를 안아 본 적이 있다면 무슨 말인지 잘 알 것입니다. 말이 별 도움이 안 되는 상황에서도 스킨십은 여러분의 마음을 전해 줄 것입니다. 위기가 지난 후에도 친구는 여러분이 따뜻하게 안아 준 일을 기억할 것입니다. 반면 뻣뻣하게 거리를 두고 있었다면 그 또한 친구에게 절대 잊히지 않는 일이 될 것입니다.

읽을 수 있는가?

여러분은 글을 읽을 수 있습니까? ('당연하지. 내가 이 책을 들고 뭘 하고 있다고 생각하는 거야?'라고 생각할지도 모르겠군요.) 학업적 능력을 갖추었다는 것은 책으로 배운 지식이 많거나, 글을 읽을 줄 안다는 것입니다. 관계적 능력, 즉 정서 지능은 전혀 다른 종류의 능력입니다. 교과서를 달달 외울 수 있을 정도로 정확한 기억력을 가졌지만, 관계에서는 다른 사람들의 감정을 전혀 읽지 못하는 사람이 있습니다. 반면 공부는 어려워해도 사람들 사이의 관계나 감정적 분위기를 아주 잘 읽는 사람도 있습니다.

스킨십을 하려면 읽는 능력을 길러야 합니다. 다음의 3가지를 읽을 줄 알아야 합니다.

- **사람.** 어떤 사람은 스킨십을 원합니다. 그는 포옹을 하면 표정이 밝아집니다. 어떤 사람은 등에 손을 얹으면 바로 몸이 경직되고 거리를 두려고 합니다. 그런 사람은 스킨십이 아닌 개인적인 공간을 원합니다. 가까운 사람들을 얼마나 잘 읽을 수 있습니까? 자신의 제1의 사랑의 언어를 다른 사람들에게 투영해서는 안 됩니다. 여러분이 바닥

을 뒹굴며 몸싸움하는 것을 즐거워한다고 다른 사람들도 그럴 것이라고 생각해서는 안 됩니다. 그들이 선호하는 것을 존중하십시오.

- **관계.** "이 관계에서는 어떤 스킨십이 적절할까?"라고 자문해 보십시오. 엄마, 아빠, 언니/누나 혹은 동생, 친구, 얼마 전에 알게 된 사람, 이성 친구 등 관계마다 스킨십이 다릅니다.
- **타이밍.** 엄마가 집에서 껴안아 주었으면 좋겠습니까, 아니면 학교 친구들이 다 모인 앞에서 껴안아 주었으면 좋겠습니까? 스킨십에도 타이밍이 있습니다. 친구가 화가 나서 팔짱을 끼고 있다면 어느 정도 거리를 두기 원하는 것입니다. 그러나 그가 마음에 상처를 받아 힘들어하고 있다면 지금 어깨동무가 필요할 수도 있습니다. 분위기를 읽으십시오.

스킨십이 필요한 사람들

여러분이 사랑하는 사람 중에 스킨십이 제1의 사랑의 언어인 사람이 있습니까? 그에게 여러분의 스킨십이 어떤 의미일지 생각해 보십시오.

스킨십에 민감한 사람들은 아주 살짝 팔을 잡아 주는 행위에서도 사랑과 애정을 느낄 수 있습니다. 대부분의 사람들에게는 별것 아닌 스킨십에도 그들은 기분이 변화되고, 유쾌한 하루를 보내고, 무엇보다도 사랑받는다고 느낍니다. **포옹은 대부분의 사람들에게 사랑과 애정을 전하지만 스킨십이 사랑의 언어인 사람들에게는 더 크게 사랑을 전합니다.**

그들에게 스킨십을 하지 않으면, 그들은 사랑의 언어가 스킨십이 아닌 사람들이 상상하는 것 이상으로 고통과 불안을 느낄 수 있습니다. 누군가가 스킨십을 피한다면 이것을 자신에 대한 개인적인 감정에서 비롯된 것으로 받아들일 것입니다. 그와의 관계에 대해 걱정하고, 친구들에게 둘러싸여 있으면서도 외롭다고 느낄 것입니다.

그의 사고 과정은 이렇게 전개됩니다. '나는 곧 내 몸이다. 내 몸을 만지는 것은 나를 만지는 것이다. 나와 몸이 맞닿았을 때 몸을 움츠리는 것은 정서적으로 내게 거리를 두는 것이다.' 스킨십이 제1의 사랑의 언어가 아닌 사람도 이런 생각을 어느 정도는 이해할 수 있습니다. 그리고 사랑을 전할 방법을 찾을 수 있습니다. 만약 동생이 와서 온몸을 부비적거리려고 한다면 그냥 내버려 두십시오. 엄마가 어깨동무를 하려고 한다면 밀어내려는 충동을 참으십시오. 친구가 하이파이브를 하려고 한다면 기다리게 하지 마십시오. 여러분 자신을 바꿀 필요는 없지만, 신체적인 면에서 의도적으로 노력할 수 있습니다.

■ 생각해 보세요

1. 5가지 사랑의 언어 중에서 하나를 제1의 사랑의 언어로 사용한다는 것을 다시 한 번 기억하세요. 스킨십이 나의 제1의 사랑의 언어는 아닌가요? 스킨십을 통해 특별히 더 기분 좋고 사랑받는다고 느끼나요?

2. 어떤 유형의 스킨십이 긍정적인 기분을 느끼게 하나요?

3. 어떤 유형의 스킨십이 불편하게 느껴지나요?

4. 부모님은 나에게 스킨십이라는 사랑의 언어를 어느 정도나 구사하나요? 나는 부모님에게 어떠한가요?

5. 친구 중에 스킨십을 즐기는 사람이 있나요? 스킨십으로 사랑을 표현하는 사람은 스킨십이 제1의 사랑의 언어인 경우가 많습니다. 그들의 사랑에 어떻게 반응하면 좋을 것 같나요?

6. 지난 며칠 동안 다른 사람들에게 어떤 유형의 스킨십을 해주었나요? 그들의 반응은 어떠했나요?

7. 스킨십을 꺼리는 듯 보이는 사람들을 만나 본 적이 있나요? 그들이 스킨십을 꺼리는 이유가 무엇이라고 생각하나요?

07
제1의 사랑의 언어 발견하기

　어린 시절 미네소타 주와 브라질에서 자란 마이클은 미국 사람과 브라질 사람의 특징을 모두 지니고 있습니다. 미네소타에서 살았던 경험으로 영하의 날씨를 견딜 줄 알고, 호수에서 하는 각종 수상 스포츠에 능합니다. 브라질에서 생활했던 영향으로 축구공을 선수처럼 다룰 줄 알고, 진한 커피를 즐겨 마십니다. 그리고 영어와 포르투갈어에 모두 유창합니다. 동생과 대화를 할 때면 영어와 포르투갈어 사이를 물 흐르듯이 부드럽게 왔다 갔다 합니다. 그리고 프랑스어와 스페인어도 어느 정도 할 줄 압니다. 포르투갈어와 유사성이 있기 때문입니다. 완벽하게 말하지는 못해도 기본 대화는 나눌 수 있을 정도입니다.
　그러나 마이클은 독일어나 러시아어, 일본어는 전혀 할 줄 모릅니다. 우리는 눈을 감고 스와힐리어를 하는 사람의 말을 듣고 있으면, 그 소리가 영어와는 전혀 다르다는 것을 알 수 있습니다.

처음으로 배운 언어가 여러분의 모국어입니다. 여러분이 가장 잘 이해하고 정확하게 소통할 수 있는 언어이지요. **그것을 "마음"의 언어라고 부르기도 합니다. 여러분의 생각과 느낌, 그리고 꿈은 이 모국어로 이루어져 있기 때문입니다.** 한두 개의(아니면 7개의) 다른 언어를 배운다고 해도 그 실력은 모국어에 비해 떨어질 수밖에 없습니다.

사랑의 언어에 대해서도 상황은 같습니다. 5가지 기본적인 사랑의 언어 중에는 각 사람의 주된 사랑의 언어가 있습니다. 그것은 우리의 마음 깊숙한 곳까지 파고드는 사랑의 언어입니다. 나머지 언어들은 마치 아랍어나 헝가리어를 들을 때처럼 그저 외국어처럼 느껴질 것입니다.

여러분의 제1의 사랑의 언어는 무엇입니까? 5가지 사랑의 언어를 처음 접했을 때 "아하!" 하고 무릎을 치지는 않았나요? 인정하는 말이나 봉사에 대한 장을 읽으면서 "맞아! 내가 꼭 그런데!"라고 반응하지는 않았나요?

물론 이런 식으로 반응하지는 않았을지도 모르지만 말입니다.

많은 사람이 자신의 제1의 사랑의 언어를 발견하는 일을 매우 어려워합니다. 단서가 늘 그렇게 분명한 것은 아니기 때문입니다. 뭐, 그리 놀라운 일은 아닙니다. 인간은 복합적인 존재이기 때문입니다. "너 자신을 알라."라는 격언이 있습니다. 이 말에 "조금만 기다려 봐요!"라고 대답하고 싶을 것입니다.

2가지 사랑의 언어가 똑같은 느낌을 준다면, 즉 두 언어 모두 의미 있게 다가온다면 2중 언어 사용자일 수도 있습니다. 생각하기 귀찮으니 자신은 2중 언어 사용자일 거라며 그냥 넘어가지는 마십시오. 자신의 사랑의 언어를 파악하려고 노력하십시오. 이 장의 마지막에서도 2가지 언어가 무승부라고 느껴질 수 있습니다. 그래도 괜찮습니다. 정상적인 일이니까요.

대개 두 부류의 사람들이 자신의 제1의 사랑의 언어를 발견하는 데 어려움을 겪습니다. 첫 번째는 부모에게서 5가지 사랑의 언어를 모두 받으며 충분한 사랑을 느낀 사람들입니다. 그들은 5가지 사랑의 언어 모두를 유창하게 구사하지만 어떤 언어가 자기에게 가장 깊이 와 닿는지 잘 모릅니다. "5가지 다 좋은 걸요!"라고 말할 수도 있습니다.

두 번째는 사랑받는 느낌을 모르는 사람들입니다. 그들은 순탄치 않은 가정 환경에서 자라났고 부모나 중요한 어른들의 사랑이나 안정감을 느껴 보지 못했습니다. 그들은 사랑받는 느낌을 제대로 모르기 때문에 어떤 언어가 사랑받는 느낌을 주는지 역시 모릅니다. 그들에게는 사랑의 언어라는 것 자체가 굉장히 새롭고 불확실하게 느껴질 것입니다.

그러나 희망은 있습니다. 둘 중 어떤 부류에 속하든, 아니면 둘 사이에 걸쳐 있든, 누구나 자신의 제1의 사랑의 언어를 발견할 수 있습니다. 사랑의 언어는 발견되기까지 잠재해 있을 뿐입니다.

나의 제1의 사랑의 언어 발견하기. 이제 시작해 봅시다.

1. 자신의 행동을 관찰하십시오.

"보통 나는 다른 사람들에게 사랑과 감사를 어떻게 표현하지?"라고 자문하며 시작해 봅시다. 여러분에게는 무엇이 자연스럽나요? 인정하는 말로 다른 사람들을 격려하는 경우가 많다면 아마 그것이 여러분의 제1의 사랑의 언어일 것입니다. 자신에게 가장 자연스럽게 느껴지는 것, 다른 사람들이 자신에게 해주었으면 하는 일을 그들에게 하고 있는 것입니다. 다른 사람의 어깨에 손을 올리는 것이 자연스럽다면 스킨십이 사랑의 언어일 것입니다. 특별한 날 또는 별 이유 없이 사람들에게 선물을 계속 준다면 아마 선물이 사랑의 언어일 것입니다. 앞장서서 친구들을 불러 모으거나 초대한다면 함께하는 시간이 사랑의 언어일 것입니다. 누군가의 요청을 기다리지 않고 무슨 일이 필요한지 알아서 판단해 팔을 걷고 그 일을 한다면 봉사가 사랑의 언어일 가능성이 큽니다.

내가 '아마', '가능성이 크다' 등의 표현을 쓰고 있음을 주목하기 바랍니다. 25% 정도의 사람들이 즐겨 구사하는 사랑의 언어와 받고 싶어 하는 사랑의 언어가 다르게 나타났습니다. 한편 그 외 75%의 경우, 가장 자주 구사하는 사랑의 언어가 바로 자신이 듣고 싶어 하는 그 언어로 나타났습니다. 자신이 사랑받고 싶은 방식대로 다른 사람들을 사랑하고 있는 것입니다.

2. 자신이 다른 사람들에게 어떤 부탁을 하는지 살피십시오.

여러분은 다른 사람들에게 어떤 부탁을 합니까? 친구들에게 숙제를 도와달라고 자주 부탁한다면 봉사가 여러분의 사랑의 언어일 수 있습니다. 여행을 가는 친구에게 "내 선물 잊지 마."라고 말한다면 선물이 사랑의 언어일 수 있습니다. "왜 안아 주지 않아?"라고 농담한다면 스킨십이 사랑의 언어일 가능성이 큽니다. 친구들에게 자주 쇼핑이나 여행을 가자고 하거나 집에 저녁을 먹으러 오라고 초대한다면 함께하는 시간을 요구하는 것입니다. 자신이 "내 과제에 대해서 어떻게 생각해? 이거 네가 보기에는 어때? 이것에 대해서 어떻게 생각해?" 등등을 묻는다면 인정하는 말을 구하고 있는 것입니다.

우리의 부탁은 각자의 정서적 필요를 드러내는 경우가 많습니다. 자신이 다른 사람들에게 어떤 부탁을 하는지 살피면 자신의 제1의 사랑의 언어를 분명히 알 수 있습니다.

3. 자신의 불평에 귀를 기울이십시오.

평소 소리 내어 불평하거나 속으로 불만을 느끼는 것이 무엇입니까? 불평의 내용이 여러분의 제1의 사랑의 언어를 발견하는 데 큰 도움이 될 수 있습니다.

역사 시간에 저스틴과 케일라는 조별 과제를 같이하게 되었습니다. 둘 다 조원이 누구인지 보자마자 한숨을 내쉬었습니다. 두 명의 일개미(저스틴과 케일라)와 세 명의 베짱이(나머지 세 명)가 모인 것입니다. 과제 대부분을 둘이서 하게 될 거라고 짐작은 했는데, 역시 예상대로였습니다.

저스틴이 말합니다. "다른 애들은 이 과제를 하는 데 시간을 투자하지 않아. 정말 믿기 힘든 일이야. 지난 일요일 저녁에 우리 집에서 모이기로 했는데, 케일라 한 명만 왔다고." 이 말에서 저스틴이 무엇을 가장 중요시하는지 알 수 있겠습니까? 바로 함께하는 시간입니다.

불평은 우리가 가장 중요하게 생각하는 것을 드러냅니다. 축구 시즌에 친구들이 자기를 위해 시간을 내주지 않는다고 불평한다면 함께하는 시간이 사랑의 언어일 것입니다. 생일 선물을 준 친구가 한 명뿐이었다고 불평한다면 선물이 사랑의 언어일 가능성이 큽니다. 아빠가 항상 선물만 하고 따뜻하게 안아 주지는 않는다고 불평한다면 아빠의 사랑의 언어는 선물이고, 여러분의 사랑의 언어는 스킨십이라고 짐작해 볼 수 있습니다.

불평은 우리 마음 깊숙이 들어앉아 있는 정서적 상처를 드러냅니다. **가장 깊은 상처를 주는 일의 정반대가 아마 여러분의 사랑의 언어일 것입니다.** 주변 사람들의 어떤 말이나 행동이 여러분에게 가장 깊은 상처를 줍니까? 만약 언니(혹은 누나)의 비판과 평가하는 말에 큰 상처를 받았다면, 인정하는 말이 여러분의 제1의 사랑의 언어일 가능성이 큽니다. 그 언어로 사랑을 받으면 상처는 사라지고 인정받는 느낌이 들 것입니다.

4. 적절한 질문을 하십시오.

자신, 그리고 다른 사람들에 대해 통찰력 있는 질문을 던져 봅시다. 다음과 같이 자문해 보는 것도 좋은 방법입니다.

- "내가 생각하는 이상적인 남자 친구/여자 친구는 어떤 사람일까? 이상형을 고를 수 있다면 그/그녀는 어떤 사람일까?"
- "내가 친구와의 관계에서 가장 원하는 것은 무엇일까? 이상적인 친

구란 어떤 모습일까?"
- "나는 친구의 어떤 부분이 가장 마음에 드는 걸까? 친구의 어떤 말과 행동 때문에 함께하는 시간이 즐거운 걸까?"

이 질문에 대한 대답은 여러분의 제1의 사랑의 언어를 발견하는 데 단서가 되어 줄 것입니다.

5. '5가지 사랑의 언어 검사'를 풀어 보십시오.

이 책 부록에 '5가지 사랑의 언어 검사'가 있습니다. 이 검사는 2가지 선택 사항 중 하나를 골라 적절한 쪽에 표시하게 되어 있습니다. 검사표를 작성하면 자신의 사랑의 언어를 알 수 있을 것입니다.

다른 사람들의 사랑의 언어 발견법

자신의 사랑의 언어를 발견하면 왜 특정한 사람들에게 더 사랑받고 인정받는 느낌이 드는지 이해할 수 있습니다. 그리고 자신이 다른 사람들을 왜 그런 방식으로 사랑하는지, 왜 특정한 사람들에게 마음이 가는지, 관계에서 무엇을 추구하는지 등 자기의 본능이 이해되기 시작합니다. 자기 자신에 대한 이 지식은 일생에 걸쳐 유용하게 쓰입니다. 스킨십이 사랑의 언어인 사람이라면, 스킨십을 피하는 사람과의 만남은 정서적으로 공허함을 줄 수 있다는 것을 알게 될 것입니다. 다음과 같이 자기의 필요를 강력하게 주장하는 방법을 배워야 할 수도 있습니다. "팔을 벌려서 내 몸을 감싸 주세요. 공허한 느낌이 들지 않도록 말이에요."

자신의 사랑의 언어를 발견하고 나면, 이제 다른 사람들의 사랑의 언어를 발견하는 법을 배워야 합니다.

어떻게 하면 이 중요한 발견을 할 수 있을까요? 상대방에게 문자 메시지로 "당신의 제1의 사랑의 언어는 무엇입니까?"라고 물어본다고 될 일이 아닙니다. (물론 상대방이 이 책을 읽었다면, 또 책의 내용을 가지고 대화를 나누고 싶어 하는 경우라면 예외가 될 것입니다. 그게 아니라면 답장으로 엉뚱한 이모티콘이 돌아올지도 모릅니다. 가지나 새우, 아니면 사악한 표정의 고양이 얼굴 같은 것 말입니다.) 여기 몇 가지 방법이 있습니다.

분명한 것부터 시작해 봅시다. 앞부분에서 살펴봤던 자신의 제1의 사랑의 언어 발견법을 그대로 적용할 수 있습니다. 일단 다른 사람들이 사랑을 표현하는 방법을 살펴봐야 할 것입니다. 아빠가 엄마를 대신해서 세탁소에서 옷을 찾아오고, 집 안 청소를 한다면 봉사가 아빠의 사랑의 언어일 수 있습니다. 한편 여러분이 집에 돌아올 때마다 아빠가 포옹으로 맞이한다면 스킨십이 아빠의 사랑의 언어일 수 있습니다. 아빠가 사람들에게 여러분을 자주 자랑한다면 인정하는 말이 아빠의 사랑의 언어일 수 있습니다. 사람들의 사랑의 언어가 무엇인지는 대개 쉽사리 알아볼 수 있습니다. 그러나 거침없이 사랑을 표현하지 않는 이들도 있습니다. 그들은 더 가까이에서 면밀히 살펴봐야 합니다.

두 번째 방법은 자신의 불평에 귀 기울였던 것처럼 다른 사람들이 어떤 불평을 하는지 살피는 것입니다. 이렇게 자문해 보십시오. "그들이 가장 많이 불평하는 내용이 무엇인가?" 동생이 "형이 쓴 수건 치우는 거 너무 지겨워. 형은 날 위해서 해주는 게 뭐가 있어?"라고 말한다면, 동생의 사랑의 언어는 아마 봉사일 것입니다. 친구가 불만스러운 듯이 "너는 절대 먼저 어깨동무를 하지 않아. 나만 너를 좋아하는 것 같아."라고 말한다면, 친구의 사랑의 언어는 스킨십일 수 있습니다. 엄마의 생신을 축하하기 위해 저녁 식사를 준비했지만 엄마가 선물이 없어 실망한 것 같다면, 엄마에게는 선물, 즉 그날을 기념하는 물건이 얼마나 중요한지 알 수 있습니다.

세 번째 방법은 자신이 다른 사람들에게 어떤 부탁을 하는지 살펴본 것처럼 다른 사람들이 부탁하는 내용을 살피는 것입니다.

- "호숫가로 산책하러 가면 안 돼?" 해석 : 함께하는 시간
- "여행 다녀오면서 기념품 좀 사다 줘." 해석 : 선물
- "내가 새로 그린 그림 어떤지 좀 봐줘." 해석 : 인정하는 말

이것은 어렵거나 힘든 일이 아닙니다. **사랑하는 사람에 대해 알고 싶다는 마음과 약간의 관찰력만 있으면 됩니다.**

직접 물어보는 것도 좋은 방법입니다. 예를 들어, 엄마의 생신이 다가오고 있다면, 커피잔을 하나 더 사야 하나 고민하지 말고 엄마에게 무엇이 필요한지 직접 물어보십시오. 엄마가 이렇게 대답할 수 있습니다.

- "너와 함께 하루를 보낼 수 있으면 돼." 해석 : 시간
- "작은 물건으로 엄마를 놀래 줘." 해석 : 선물
- "가장 좋은 선물은 네가 정원 일을 도와주는 거야." 해석 : 봉사

다른 사람들의 사랑의 언어를 발견하는 데 도움이 될 만한 또 다른 방법이 있습니다. 실험입니다. 이것은 재미있게 느껴질 수도 있습니다. 며칠 동안 5가지 사랑의 언어 중 하나씩 표현하면서 상대방의 반응을 관찰하십시오.

예를 들면, 처음 3일은 긍정적인 말에 초점을 맞춰 하루에 한 번 이상 인정하는 말을 해볼 수 있습니다. 상대방의 사랑 탱크가 채워지는 것 같습니까? 그다음에는 매일 작은 선물을 하나씩 해보십시오. 책갈피나 물풍선, 젤리 등을 주며 상대방이 어떻게 받아들이는지 살펴보십시오. 그다음에는 상대방과 매일 어느 정도 긴 시간을 함께 보내고 반응을 살펴보십시오. 아마 답을 찾을 수 있을 것입니다. 여러분이 팔 벌리고 다가갈 때 얼굴을 찌푸리거나, 함께 시간을 보내려고 하는 데도 기뻐하지 않는다면 그것은 상대방의 사랑의 언어가 아닐 수 있습니다. 그러면 다른 사랑의 언어를 시도해 보면 됩니다.

실험을 하는 데는 시간과 노력, 생각이 필요합니다. 그러나 그것은 충분히 가치 있는 투자입니다. 무엇보다 다른 사람들과 깊이 있는 관계를 맺을 수 있게 해주기 때문입니다.

■ **생각해 보세요**

1. 나의 제1의 사랑의 언어를 이미 알고 있나요? 그렇다면 그것을 어떻게 알게 되었나요? 아직 모르겠다면 '5가지 사랑의 언어 검사'를 풀어 보세요.

2. 나에게 중요한 사람들의 목록을 살펴보세요. 그들의 사랑의 언어를 아나요? 아래의 표를 채워 보세요. 왼쪽 칸에 그들의 이름을 써넣고, 각 사람의 사랑의 언어라고 생각되는 것에 ∨표시나 X 표시를 하세요. 그리고 그 사람에 대해 알게 된 사항이나 그의 사랑의 언어가 무엇인지 알려 주는 증거, 아니면 시도해 볼 만한 전략을 메모하세요.

관계	#1 인정하는 말	#2 함께하는 시간	#3 선물	#4 봉사	#5 스킨십	메모 증거/전략

08
가족 관계 회복하기

   가족은 때로 함께 살 수 없을 것만 같은 존재이기도 하지만, 그렇다고 함께 살지 않을 수도 없는 존재입니다.

   솔직히 말해서 가족보다 더 짜증 나게 할 수 있는 사람은 없을 것입니다. 아빠가 옥수수를 먹는 모습이 정말 창피할 때도 있습니다. 옥수수 알과 후춧가루, 버터가 턱을 타고 줄줄 흐릅니다. 막냇동생이 무릎을 구부리며 이상한 소리를 낼 때면 정말 미칠 것만 같습니다. 엄마가 쩌렁쩌렁한 목소리로 잔소리를 늘어놓을 때는 귀를 틀어막고 싶습니다. 언니(혹은 누나) 때문에 매일 학교에 지각을 합니다. 부모님이 성적표나 휴대폰 등 나의 생활 모든 면면을 들여다보려고 할 때는 더 심각하게 짜증이 납니다.

   가족만큼 여러분에게 큰 상처를 줄 수 있는 사람도 없다고 생각될 것입니다. 친한 사람일수록 마음 상태에 더 많은 영향을 주기 때문입니다. 분노의 말은 좋지 않은 메시지를 담고 있기 때문에 깊은 상처를 남길 수 있습니다. 가족끼리는 친구에게는 절대 하지 않을 가시 돋친 말을 아무 거리낌 없이 합니다. 우리는 가장 사랑하는 사람에게 가장 잔인해질 수 있습니다. 서로의 약점을 잘 알기 때문에 상처가 되는 말을 서슴없이 하는 것입니다.

하지만 가족만큼 여러분을 사랑할 수 있는 사람은 없습니다. 건강한 가족에게는 무조건적인 소속감이 있습니다. 여러분이 무대에서 실패할 수도, 소속된 팀에서 나가야 할 수도 있습니다. 애인을 잃게 되거나, 친구들에게 거절당하거나, 괴롭힘을 당할 수도 있습니다. 정학을 당하거나, 부상을 당할 수도 있습니다. 하지만 그 어떤 일을 당하더라도 가족은 여러분을 사랑합니다. 그 어떤 실수를 저지르더라도 가족은 여러분 곁에 있을 것입니다. 넘어질 때는 바닥에 엎어진 여러분을 일으켜 주기 위해 늘 그 자리를 지킬 것입니다.

가족은 사회의 가장 기본적인 기능을 담당하는 구성 요소입니다. 가족 구성원은 서로를 사랑해야 합니다. **집은 각 구성원을 알아주고, 받아들이고, 무조건적인 사랑을 베푸는 안전한 장소입니다.** 가족은 삶의 안정감을 제공합니다. 집 밖에서 그 어떤 실패를 하고, 그 어떤 거절을 당하더라도 집 안에서는 있는 그대로 사랑받아야 합니다. 하나님은 고독한 자들을 가족과 함께 살게 하셨습니다(시 68:6). 가족은 완벽해 보이지 (아빠, 엄마, 두세 명의 아이들, 귀여운 애완견, 멋진 집) 않더라도 건강하고 활기 넘치는 사랑 가득한 공동체가 될 수 있습니다(홀아버지, 양어머니, 아니면 할머니,

입양 부모, 이복동생, 몸이 불편한 고양이 등과 함께 살아도 말입니다). "완벽하지" 않아도 매우 좋을 수 있는 것입니다.

물론 항상 그렇지는 않습니다. 집을 안전한 장소로 느끼지 않는 사람도 많습니다. 가족에게 가장 깊은 상처를 받은 사람도 많습니다.

삶 속에서 우리가 통제할 수 있는 일들은 많지 않습니다. 가족에게 심각한 문제가 있는 것, 부모의 이혼, 집에서 사랑보다는 상처를 더 많이 받는 것 모두 우리 능력 밖의 일입니다. 우리가 일으킨 상황이 아닐뿐더러 우리가 해결할 수 있는 문제도 아닙니다.

이때 여러분은 어떻게 반응할지 결정할 수 있습니다. 5가지 사랑의 언어를 적용함으로써 지친 가족 관계에 힘을 불어넣을 수 있습니다.

건강한 가족 관계에서는 5가지 사랑의 언어가 서로의 유대를 더 강화합니다. 내 인생에서 매우 중요한 사람에게 그의 사랑의 언어로 반응함으로써 관계가 더 돈독해지는 것입니다.

부모님 사랑하기

부모와 십대 자녀는 사사건건 부딪칠 필요가 없습니다. 윤리적 혹은 법적 의무가 아닙니다. 십대 자녀와 부모의 관계는 긴장 상태일 거라고 생각하는 사람들이 있는데, 꼭 그렇지만은 않습니다. 독립하기 전 집에서 지내는 기간은 여러분을 돌보는 부모님과 성인으로 자라 가는 여러분 사이에서 통제권이 넘겨지는 과정입니다. 이 과정에서 폭발할 요소가 없는 것은 아니지만, 긴장과 말싸움 그리고 무례함으로 가득할 필요는 없습니다. 현재 부모님과 잘 지내고 있다면 괜히 전쟁을 시작하지 마십시오.

대신 이 평화로운 시간을 외교적으로 사용하십시오. 부모님과의 관계를 다지기 위한 가장 좋은 전략 중 하나는 바로 이 오묘한 단어에 담겨 있습니다. '공경'입니다. 이 단어는 십계명에도 나옵니다. "네 부모를 공경하라 그리하면 네 하나님 여호와가 네게 준 땅에서 네 생명이 길리라"(출 20:12).

사랑은 부모에게서 자녀에게 흘러가는 것이 이상적입니다. 그럴 때 자녀는 진정으로 사랑받는다고 느끼고 부모를 공경하게 됩니다. 그러나 가정에서 사랑받지 못하고 버림받거나 학대받았다고 느끼는 사람이 부모를 공경하기란 매우 어렵습니다.

부모를 공경하는 것은 다음을 의미하지 않습니다.

1. 아무 일도 일어나지 않았던 것처럼 과거를 덮는 것.
2. 학대받는 상황에 계속 머무는 것(적절한 선을 긋고 그 선을 유지하는 것이 중요합니다).
3. 긴장된 관계가 즉시 치유되는 것.
4. 부모의 책임, 심지어는 부모 자녀 관계의 책임까지 지는 것.

그러나 공경은 좋은 관계를 만들어 주고, 죽어 가는 관계에 숨을 불어 넣어 줍니다. **부모를 공경하는 것은 부모가 해주었던 어떤 일을 골라 공개적으로 인정하고 감사를 표하는 것입니다.**

우리는 부모에게서 받은 상처를 느낄 수 있습니다. 버림받았다고 느끼고, 실망하고, 좌절 끝에 우울해질 수도 있습니다. 그래도 부모에게 사랑을 표현할 수 있습니다. 사랑은 행동이 수반되는 태도입니다.

> **부모님이 안 계시는 경우**
>
> 부모님과 함께 살지 않거나, 돌아가신 경우에는 공경하기가 어렵습니다. 하지만 불가능한 것은 아닙니다. 부모님이 돌아가셨거나 여러분과 함께 있어 주지 않았다면, 두세 문장, 아니면 여러분이 진심으로 쓸 수 있는 만큼의 내용을 담아 쪽지를 써보십시오. 한 가지 구체적인 일을 골라 감사를 표하면 됩니다. 쪽지를 전할 수 없다고 해도 그 과정이 여러분에게 치유의 연습이 될 수 있습니다.
> "아빠, _____ 했던 때를 기억해요. 저에게는 정말 뜻깊었어요."
> "엄마, 엄마랑 시간을 함께 더 보낼 수 있었다면 좋았을 거예요. 보고 싶어요."

새뮤얼의 이야기

"부모님은 일중독에 걸리셨어요. 우리 가족은 함께 보내는 시간이 별로 많지 않아요. 어릴 때는 보모가 있었어요. 여름 방학에는 캠프에 다녀왔고요. 좋은 점을 찾자면 제가 독립적이라는 것이겠죠. 제 앞길을 알아서 찾아야 했으니까요.

이제 대학 입학을 앞두고 집을 나갈 준비를 하고 있어요. 피츠버그에 있는 카네기멜론대학에 갈 거예요. 저는 컴퓨터 공학을 공부하고 싶은데, 카네기멜론대학이 그 분야에서 최고예요. 빨리 혼자 살고 싶어서 못 참겠어요.

재미있는 것은, 떠날 때가 되니 갑자기 부모님이 저와 함께 시간을 보내려고 하시는 거예요. 마치 디데이를 매일 계산하는 것처럼 말이에요. 엄마는 갑자기 가족끼리 저녁 식사를 하려고 난리세요. 아빠는 저랑 미식축구를 보고 싶어 하시고요.

제가 하고 싶은 말은 이거예요. '지난 18년간은 어디 계셨다가 이제 나타나시는 거죠?' 그러나 이쯤 되니 저도 부모님도, 부모님이 완벽하지 않다는 걸 알게 되어 가는 것 같아요. 부모님도 노력하긴 하셨죠. 부모님만의 방식으로, 그것도 엉망으로 말이에요. 나중에 가정을 꾸리면 어떻게 하면 안 되는지는 잘 알겠어요.

부모님이 계속 어색하게 구실 것 같아 이제는 제가 나서서 도와드리려고요. 제가 부모님을 사랑하고 감사히 여긴다는 것을 보여 드릴 방법을 생각해 보고 있어요.

엄마는 간단하죠. 엄마는 한시도 가만히 앉아서 쉬는 법이 없으세요. 계속 가족을 위해서 무언가 하고 계시죠. 그래서 일요일 저녁 식사 후에는 제가 알아서 설거지를 했어요. 엄마가 할머니와의 통화를 마치고 부엌에 오셨을 때 이미 마지막 그릇을 닦고 있었는데, 그때 엄마의 표정이 어땠는지 정말 봤어야 해요.

아빠에게는 어떻게 해야 할지 처음에는 고민이 되었는데, 함께하는 시간이 아빠의 사랑의 언어라는 게 떠올랐어요. 그래서 저는 미식축구를 함께 보자고 하거나 등산을 하러 가자고 해요. 등산을 별로 좋아하지는 않지만, 지난번에 갑자기 아빠한테 주말에 등산하러 가지 않으시겠냐고 여쭤봤어요. 그랬더니 아빠 표정이 정말 환해지셨다니까요.

두 분 다 인정하는 말이 사랑의 언어는 아니지만, 그 언어로 공경을 표현하려고 해요. 한 분씩 감사할 것을 생각해 두었어요. '엄마, 아빠가 세상에서 가장 최고예요.'라는 식의 가식적인 말은 못하겠더군요. 사실이 아니니까요. 아빠한테는 제 야구 경기를 보러 와주셔서 감사하다고 쪽지를 썼어요. 저한테는 아주 큰 의미가 있었다고요. 엄마에게는 매일 건강에 좋은 음식으로 도시락을 싸주셔서 감사하다고 쪽지를 썼어요. 키위나 유기농 치즈를 좋아하는 건 아니지만 건강을 생각하는 엄마의 마음이 느껴지거든요. 엄마는 엄마의 방식으로 저에게 사랑을 표현하신 거예요. 제가 할 수 있는 일은 그걸 알아드리는 거예요."

형제자매와의 관계

형제자매 관계에는 큰 잠재력이 있습니다. 이렇든 저렇든 똑같은 유전자 풀을 공유하는 사이이자 똑같은 가정 환경에서 자랐기 때문입니다(이론적으로는 그렇습니다). 부모님의 특이한 점을 여러분의 형제나 자매처럼 잘 이해하는 사람도 없습니다. 여러분과 과거를 그만큼이나 공유하는 사람도 없습니다.

잭의 이야기를 들어 봅시다. "엄마는 제 동생 아론과 저를 어렸을 때부터 이렇게 훈련하셨어요. '형제가 최고의 친구다. 너에게 항상 가장 좋은 친구가 되어 줄 거야. 10년 후에도 루크나 소여, 코너 같은 학교 친구들이 함께할 것 같니? 형제는 평생 함께할 친구야. 엄마가 죽고 나서도 형제는 남아 있을 거야. 네 인생에 아주 중요한 관계란다.'

엄마가 저희를 세뇌하신 것 같아요. 엄마의 뜻은 아주 확고했어요. 우리는 서로 다른 점이 많지만 항상 친하게 지내 왔어요.

제가 다섯 살 때 일어난 일이에요. 하루는 동네 놀이터에서 놀고 있는데, 형 세 명이 다가와 제 신발을 빼앗고는 자기들끼리 던지며 놀았어요. 그런데 당시 세 살이었던 아론이 일곱 살 형에게 주먹을 날려 코피를 터뜨리게 했어요. 왜냐고요? 저를 지키려고요. 세 살밖에 안 됐지만 알고 있었던 거죠. '형을 위해서 싸운다. 형은 나의 최고의 친구다.'"

모든 형제자매가 좋은 친구가 되는 것은 아니지만, 어려울 때 서로 돕는 각별한 사이가 될 수 있습니다.

애니의 이야기입니다. "유치원 때부터 고등학교 때까지 저와 가장 친했던 친구들을 알려 줄게요. 에이미 P, 아미 W, 에이미 F, 그리고 아이미 K. (제가 자랄 때 인기 있었던 여자아이 이름이 뭐였는지 알겠죠?) 지금 그 친구들은 다른 주로 떠나 각자의 삶을 사느라 바빠요. 페이스북으로 가끔 소식을 접하지만 별로 친하지는 않아요. 지금까지도 제 옆을 지키고 있는 친구는 제 오빠 네이선이에요. 제가 태어날 때도 옆에 있었고, 다섯 살, 열다섯 살일 때도 함께 있었지요. 오빠와 항상 잘 지내는 건 아니지만 서로 의지가 돼요."

형제자매는 서로를 선택한 것이 아니기에 당연한 존재로 받아들이기 쉽습니다. 그러나 서로를 더 가치 있게 여겨야 합니다. 서로의 사랑의 언어를 구사할 때 그 관계가 더욱 좋아질 것입니다.

형제자매 알람

작은 글씨도 항상 다 읽어야 한다는 것을 알고 있나요? 제약 회사의 광고 문구가 바로 그렇습니다. 수많은 부작용을 적어 놓고 의사와 상담하라는 말을 꼭 넣지요. 모든 형제자매가 친한 것은 아닙니다. 서로 사이가 소원해진 형제자매도 있습니다. 학대당한 경험이나 서로 떨어져 자라난 경우처럼 정당한 이유가 있다면, 형제자매라 해도 당연히 그 관계에 대한 기대치를 조절할 수밖에 없습니다.

그렇지 않은 경우라면 이것을 기상 알람으로 생각하길 바랍니다. 여러분이 때로 신경 쓰지 않는 사람의 가치를 다시 찾도록 알려 주는 알람입니다. 창의력과 노력이 필요하고, 시간을 들여야 할 수도 있지만, 형제자매와의 관계를 개선하는 것은 평생 가치 있는 일입니다.

다른 사람의 사랑의 언어를 발견하는 방법에 대해 자세하게 이야기해 왔습니다. 여러분이 고민 끝에 형제자매의 사랑의 언어를 파악했다고 가정합시다. 이제 아이디어를 짜낼 시간입니다.

아래에 나오는 아이디어를 참고하여 여러분만의 아이디어를 떠올릴 수 있기 바랍니다. 연령대와 성별이 다른 형제자매를 위한 아이디어도 섞여 있습니다.

형제자매를 사랑하는 법

인정하는 말을 좋아하는 형제자매에게

1. 문자 메시지를 보내십시오. 한 문장으로 형의 어떤 점이 좋은지 쓰고, 형이 나를 위해 해준 일에 대해 감사하십시오. 아니면 단순히 형의 동생이 될 수 있어서 기쁘다고 써도 됩니다.
2. 특별한 날(생일, 졸업)에 카드를 쓰십시오.
3. 대학에 다니는 언니에게 전화를 거십시오. 문득 언니 생각이 나서 전화했다고 말하십시오.
4. 형제나 자매에 대해 가장 좋아하는 점 10가지를 목록으로 만드십시오.

함께하는 시간을 좋아하는 형제자매에게

1. 오빠가 아내와 데이트할 수 있게 조카를 돌봐주겠다고 하십시오.
2. 동생에게 과학 숙제를 하는 데 도움이 필요한지 물어보십시오.
3. 어린 동생과 놀아 주십시오. 동생이 원하는 대로 하십시오. 딴짓하지 말고 동생이 준 장난감을 가지고 노십시오. (휴대폰을 보지 마십시오.)
4. 형제자매의 경기, 공연 등 각종 모임에 참석하십시오. 관중 속에서 그들을 응원하십시오.

선물을 좋아하는 형제자매에게

1. 형이 좋아하는 음료수를 사오십시오.
2. 누나가 나온 사진 중 가장 마음에 드는 것을 골라 액자에 넣으십시오. 지난 방학 때 함께 등산하며 찍은 사진 같은 것이 좋습니다.
3. 오빠에게 필요한 것이 무엇인지 살핀 후 선물을 사십시오. 선물을 산 특별한 이유가 없어도 됩니다.
4. 음원 사이트에서 노래를 선물하십시오. 클릭 한 번이면 "네 생각을 하고 있었어."라는 메시지를 분명하게 전달할 수 있습니다.

봉사를 좋아하는 형제자매에게

1. 형이 청소를 할 때 도와주겠다고 하십시오.
2. 언니의 방을 청소해 주십시오.
3. 동생의 놀이방을 정리해 주십시오. 동생이 블록 장난감과 공룡 인형을 다시 찾을 수 있을 것입니다.
4. 바쁜 누나를 위해 한 주 동안 심부름을 해주십시오.

스킨십을 좋아하는 형제자매에게

1. 언니 옆을 지나갈 때 등을 가볍게 쓸어 주십시오.
2. 무서운 영화를 보면서 어린 동생이 가까이 붙으려고 하면 밀어내지 마십시오.
3. 언니와 팔짱을 끼고 걸으십시오.
4. 형과 몸을 부대끼며 공놀이를 하십시오.

어떤 아이디어들은 여러 가지 언어를 통해 실천 가능하다는 것을 알게 될 것입니다. 위의 아이디어를 토대로 형제자매의 사랑의 언어와 취향을 고려하여 관계를 향상시키기 위한 자기만의 계획을 세워 보십시오.

■ 생각해 보세요

1. 가족의 이름을 적어 보세요. 엄마, 아빠, 형제자매, 그리고 함께 사는 중요한 사람도 포함해서 말입니다. 1-5 사이의 점수를 골라 각 사람에게서 얼마나 많이 사랑받는다고 느끼는지 표시해 보세요.

    1 = 전혀 사랑받지 못함, 거의 사랑받지 못함
    3 = 어느 정도 사랑받음
    5 = 절대적으로 사랑받음

2. 각 사람에 대해 그런 점수를 준 이유가 무엇인가요? 사랑받는 느낌 혹은 사랑받지 못하는 느낌에 영향을 주는 요인이 무엇인지 적어 보세요.

3. 가족 구성원 각각의 제1의 사랑의 언어는 무엇이라고 생각하나요?

4. 나는 가족들의 제1의 사랑의 언어를 얼마나 효과적으로 구사하나요? 1번과 같은 점수를 사용하여 자기 자신을 평가해 보세요. 구체적으로 예를 들어 보면 좋습니다.

    1 = 그 사람을 사랑하지만 그의 사랑의 언어가 무엇인지 모르겠다.
    3 = 가끔 그 사람의 사랑의 언어로 사랑을 표현한다.
    5 = 항상 그 사람의 사랑의 언어를 사용하여 소통한다.

5. 다음 한 주간 가족들에게 사랑을 어떻게 표현할 수 있을지 아이디어를 내보세요. 현실적으로 실천할 수 있는 간단하면서도 개인적인 아이디어를 생각해 보십시오.

09
분노와 사과

    트레이와 자스민에게 무슨 일이 있었던 걸까요? 둘은 떼어 놓을 수 없을 정도로 친한 사이였습니다. 무슨 일이 있었냐고 물어봐도 둘 다 사이가 멀어진 이유를 말하지 못했습니다. 어쩌다 보니 그렇게 되었다고 합니다.

    어느 가을날 있었던 일입니다. 트레이는 펑크 음악에 빠져 있었습니다. 그의 집안 상황은 매우 어려웠습니다. 엄마는 근무 시간이 단축되었고, 이모가 아기를 데리고 와서 머물고 있었습니다. 할머니는 건강에 문제가 생겼습니다. 그야말로 과부하 상태였지요.

    트레이는 학교에서만큼은 개인적인 공간을 가지고 싶었습니다. 자스민에게서도 떨어져 있고 싶었지요. 이런 적은 처음이었습니다. 그날 아침 자스민이 여느 때처럼 밝은 모습으로 교실에 들어왔습니다. 그런데 트레이는 도저히 대화를 나누고 싶은 기분이 들지 않아 인사도 하지 않은 채 고개를 돌려 버리고 말았습니다.

'그래, 오늘 아침은 기분이 별로인가 보다.' 하고 자스민은 생각했습니다. 너무나도 오랜 시간을 함께해 왔기 때문에 자스민은 트레이가 차갑게 굴어도 크게 신경 쓰이지 않았습니다.

그런데 다음 날에도 같은 일이 일어났습니다. 자스민은 솔직한 사람이었습니다. 무엇보다도 트레이에 대해 가장 잘 알고 있었지요. 개인적인 사정을 아무에게도 알리고 싶지 않았던 트레이는 자스민에게 거리를 두기 시작했습니다.

자스민은 트레이의 마음을 느낄 수 있었지만 '알았어. 시간을 좀 주자.' 하고 생각했습니다.

"너 괜찮아?" 그 주 끝 무렵 자스민이 트레이에게 말을 걸었습니다.

"당연하지. 왜? 너는 뭐가 문제인데?" 트레이가 퉁명스럽게 대답했습니다. 자스민의 마음에 그 대답이 가시처럼 박혔습니다. 자스민은 생각했습니다. '그래, 좋아. 거리를 두자.'

그때부터 둘 사이가 멀어지기 시작했습니다. 트레이는 자스민에게 계속해서 좋지 않은 기분을 드러냈습니다. 시간이 흐르면서 자스민은 이 상황을 개인적인 문제로 받아들이지 않을 수 없었습니다. 트레이가 자신을 제외한 다른 사람들과는 잘 지냈기 때문입니다. 자스민이 무언가 잘못을 한 걸까요? 아니면 자스민 자체가 문제였던 걸까요?

자스민도 트레이에게 다가가지 않았습니다. 교실에 들어갈 때는 트레이와 눈을 마주치지도 않았습니다. 다른 친구들과는 반갑게 인사했지

> **보이지 않는 원인**
>
> 분노는 2차적 감정이라는 사실을 알고 있나요? 분노는 다른 것으로 인해 발생하는데, 대체로 두려움이나 슬픔이 원인입니다. 그러므로 분노가 생길 때는 그 근원이 되는 감정을 찾아야 합니다.
> 왜 분노를 느낄까요? 진정으로 느끼는 감정은 무엇일까요? 한 예로, 베일리는 친구 리비가 이사 가는 것을 알았을 때 분노하며 때릴 수 있습니다. 그때 분노의 배경이 된 감정은 무엇일까요? 슬픔입니다. 베일리는 리비를 그리워할 것입니다. 호세는 자신의 그룹 프로젝트에 대한 좌절감이 분노로 폭발하기에 이르렀을 때, 잠시 멈추어 그 분노의 배경이 된 감정을 살펴보았습니다. 자기 그룹이 나쁜 점수를 받고, 자신이 모든 일을 해야 할지 모른다는 두려움이었습니다. 이처럼 분노의 배경에는 많은 이야기가 숨어 있을 수 있습니다.

만 트레이는 의도적으로 피했습니다.

둘 사이에 생긴 벽은 더 높아져만 갔습니다. 누가 물어도 둘 사이가 왜 멀어졌는지 대답할 수 없었습니다. 자스민은 트레이를 떠올릴 때마다 분노를 느꼈습니다. 트레이는 어땠을까요? 그는 자신이 어떤 기분인지조차 알 수 없었습니다.

때로 우리 안의 분노는 통제할 수 없을 만큼 크게 자라나 우리의 관계를 멀어지게 합니다. 결국에는 사랑하는 사람과 감정적으로 불화를 겪게 합니다. **풀리지 않은 분노는 관계에 암과 같은 영향을 줍니다.** 관리하거나 처리하지 않으면 관계가 끝나 버릴 수 있는 것입니다.

화가 난 적이 있습니까? 당연할 것입니다. 분노를 느끼는 것 자체는 문제가 아닙니다. 분노를 생산적인 방식으로 처리할 줄 모른다는 것이 문제입니다.

- 분노를 부정하고 속에 꾹꾹 담아 두었다가 결국 화산처럼 폭발해 버리지는 않습니까?
- 속으로는 부글부글 끓지만 침묵을 지키며 사람들과 거리를 두지는 않습니까?
- 분노가 자신을 조종하도록 내버려 두지는 않습니까?
- 다른 사람들에게 바로 분노를 표출하지는 않습니까?
- 나의 분노 스위치를 건드리게 될까 봐 다른 사람들이 눈치를 보지는 않습니까?
- 화가 나면 격분해서 이성을 잃고 다른 사람들에게 막말을 하지는 않습니까?
- 느끼는 바를 소통하고, 해결책을 찾기 위해 분노를 생산적으로 처리합니까?

안타깝게도 많은 사람이 분노를 적절하게 다스리는 법을 배우지 못했습니다. 그 결과, 관계는 마치 전쟁터와 같은 모습이 되고 말았습니다. "네가 먼저 소리 질렀잖아!" "아니야, 네가 먼저 했어!" 사랑과 통제되지 않은 분노는 함께 존재할 수 없습니다. 사랑은 상대의 안위를 바라는 것이지만, 통제되지 않은 분노는 관계와 그 관계에 속한 사람 모두를 망가뜨립니다.

날씨 때문이 아니라 부모님이 서로에게 화를 내는 바람에 가족 나들이를 망친 적은 없나요? 들불처럼 번진 분노 때문에 집안 분위기가 험악해져 생일과 휴일을 비참하게 보낸 적은 없는지요?

분노를 다스리는 법

화가 나는 것은 지극히 인간적인 일입니다. 그렇다면 격렬한 분노를 느낄 때 우리는 어떻게 해야 할까요? 그것을 다스려야 합니다. 다음의 5가지 방법을 실천해 보십시오.

1. 분노를 인정하십시오.

어떤 관계라도 분노에서 자유로울 수 없습니다. 상대방이 한 잘못 때문이든 둘 사이의 오해 때문이든 화가 나는 상황에 반드시 부닥칠 것입니다. **분노 자체는 도덕적으로 잘못된 것이 아닙니다.** 무언가 불공평하고 부당하다고 느껴질 때 화가 나는 것은 자연스러운 반응입니다.

그러므로 화가 난다고 해서 자신을 비판할 필요는 없습니다. 화가 난 것을 부인하거나 괜찮은 척할 필요도 없습니다.

가까운 사람에게도 분노를 느끼도록 허용해야 합니다. 어떤 관계에서는 둘 사이에 권력 차이가 존재합니다. 지배적인 사람은 마음껏 화를 내고, 연약한 쪽은 분노를 억누르고 숨깁니다. 이는 공평하지도, 건강하지도 않은 모습입니다. 성공적인 관계를 이루는 비결도 아닙니다.

이렇게 자문해 보십시오. "다른 사람들이 나에게 감정을 쉽게 표현할 수 있는가?" 엄마, 동생 혹은 친구가 여러분을 무서워하고, 문제가 있어도 겁이 나서 말하지 못한다면 무언가 잘못된 것입니다.

진정한 관계를 원한다면 사랑하는 사람이 진짜로 어떻게 생각하고 느끼는지 듣기 위해 귀를 열어야 합니다. 상대방이 자신의 감정을 표현할 수 있도록 자유를 주어야 합니다.

2. 자신이 화가 났다는 것을 알리십시오.

사람들이 여러분의 기분이 어떤지 맞추려고 스무고개를 하지 않게 하십시오. 화가 났으면 차가운 기운을 풀풀 풍기면서도 아닌 척하지 마십시오. 다른 사람이 알아주길 기대하며 공격적으로 굴지도 마십시오. **누군가 여러분의 기분을 상하게 하는 말이나 행동을 했다면, 화가 났다는 사실과 그 이유를 알리십시오.** 상대방도 둘 사이에 어떤 문제가 있는지 알아야 합니다. 이는 두 사람이 문제를 해결하고 관계를 회복시킬 수 있는 유일한 방법입니다. 상대방이 여러분과 가까운 사람이라면, 그 관계는 회복시킬 가치가 충분합니다.

3. 기본 원칙을 따르십시오.

종합 격투기 경기든 군대 전투든, 모든 충돌에는 기본적인 원칙이 있습니다. 개인 간의 갈등도 마찬가지입니다. 분노를 통제되지 않은 해로운 방법으로 터뜨리는 것은 파괴적이고 부적절한 행동이며, 용납되어서는 안 됩니다. 감정의 폭발은 상황을 더 악화시킵니다. 화를 일으킨 원인을 생산적으로 풀어 볼 겨를도 없이 폭발의 잔여물을 처리해야 할 것입니다.

친구가 여러분을 모욕했다고 합시다. 어떻게 반응해야 할까요?

선택 1 : "네가 _____라고 말해서 상처받았어. 그건 좋은 행동이 아니었어."

선택 2 : "너는 세상에서 가장 이기적이고 잔인한 사람이야." 그리고 뺨을 때리거나 주먹을 날린다.

첫 번째 선택에 찬성합니까? 두 번째 선택은 여러 기본 원칙을 위반합니다. 첫째, 과장법(사물을 실상보다 지나치게 과도하게 혹은 작게 표현함으로써 문장의 효과를 높이는 수사법)을 사용했습니다. 정말로 그 사람이 그렇게 나쁜 걸까요? 왜 그렇게 극단으로 몰아가나요? 둘째, '행동'에 집중하지 않고 '사람'을 공격했습니다. 셋째, 뺨을 때리거나 주먹을 날린 행위는 정당방위가 아니었습니다. 신체적 학대였습니다.

분노를 말로 표현할 때는 자신을 화나게 만든 행동이나 말을 구체적으로 지적하고, 그것이 나에게 어떤 기분을 느끼게 했는지 말해야 합니다.

4. 공격하지 말고 물어보십시오.

모든 일은 여러 가지로 해석될 수 있습니다. 우리는 어떤 일을 살필 때 딱 한 가지 시점, 즉 우리의 시점에서만 바라보는 경향이 있습니다. 우리가 본 것과 아는 것 외에 다른 사정이 있을지 모르는데 말입니다. 그러니 무작정 상대방을 공격하지 마십시오. 질문을 던져 상대방이 왜 그런 행동을 하는지 자기의 관점에서 설명할 수 있게 하십시오.

시드니는 동생 오스틴이 친구와 이야기하는 것을 듣게 되었습니다. 일부러 엿들으려고 한 것은 아니지만 동생의 한마디가 귀에 꽂혀 분노가 치솟았습니다. "누나는 만날 늦어……. 서둘러 봤자 앉아서 누나를 기다려야 해." 시드니는 오스틴이 자기 이야기를 하고 있다고 확신했습니다. '부모님의 부탁으로 동생을 학교뿐 아니라 가끔은 운동 연습에도 데려다주는데, 고마운 줄 모르고 뒤에서 험담이나 하고 있다니……. 그러면 학교는 자기가 알아서 가든가!' 시드니는 당장에라도 소리를 지르고 싶었습니다.

오스틴의 통화가 끝나기를 기다리며 시드니는 어떻게 화를 낼지 별렀습니다. 다행히 폭발 직전이었던 분노가 기다리는 동안 어느 정도 수그러들었습니다. 시드니는 오스틴에게 일단 물어보았습니다. "오스틴, 누가 항상 늦는다는 거야?"

오스틴은 놀란 얼굴로 시드니를 쳐다보며 말했습니다. "엘리스 누나 있잖아. 우리 동아리 회장. 만날 연습 전에 미리 오라고 잔소리하면서 자기는 항상 늦어. 막상 가면 내가 기다려야 하고. 왜 그래야 하지?"

"아." 시드니는 화가 가라앉았습니다. 그리고 속으로 이렇게 생각했

습니다. '명심하자. 절대 함부로 짐작하지 말자.'

다른 사람의 생각과 속뜻을 안다고 속단해서는 안 됩니다. 행동은 오해하기 쉽습니다. 그러니 상대방에게 반드시 물어보십시오.

5. 관계를 포기하지 말고 회복시키십시오.

인생에는 지키지 않아도 되는 관계가 있습니다. 유치원 시절 뒷자리에 앉아서 계속 코를 후비던 아이와는 연락을 유지하지 않아도 괜찮습니다. 사귀다 보니 자신과 정말 맞지 않는 사람과는 이별해도 괜찮습니다. 하지만 가장 가까운 사람이라면, 그와의 관계를 위해 문제를 해결하고자 노력해야 합니다.

아무도 완벽하지 않습니다. 여러분도 그렇습니다. 불완전한 사람들이 만나 관계를 이루기 때문에 문제가 많은 것입니다. 사람들은 실수를 하고 서로에게 상처를 줍니다. 나쁜 말도 하고 못된 행동도 합니다. **어떤 관계도 용서 없이는 오래가지 못합니다.**

분노는 관계에서 중요한 역할을 합니다. 문제가 발생하면 비상등처럼 그 사실을 알려 줍니다. 누군가가 여러분에게 상처를 주었다면 말하십시오. 아프지 않은 것처럼 굴지 마십시오. 분명 아팠으니 말입니다! 직접 터놓고 부드럽게 이야기하면 생산적인 대화가 이루어져 문제 해결의 문이 열립니다. 서로의 입장을 듣고 문제를 해결한 후 이를 교훈 삼아 앞으로 나아가십시오. 건강한 관계를 맺으려면 충분히 사과하고 용서해야 합니다(이 부분은 나중에 더 다룰 것입니다).

사과의 기술

사과의 기술을 배우기란 쉽지 않을 것입니다. 자연스럽게 느껴지지 않기 때문입니다. 그러나 이 기술은 누구나 배울 수 있으며 또 배울 만한 가치가 있습니다. 우리는 모두 실수를 합니다. 문제는 실수한 후에 무엇을 해야 하느냐입니다.

진정한 사과는 몇 달 혹은 몇 년에 걸쳐 서로를 힘들게 한 긴장과 갈등, 상한 감정에서 벗어날 수 있게 해줍니다. 사과는 그 어떤 말이나 행동보다 더 빨리 서로 간의 장벽을 무너뜨릴 수 있습니다.

사과는 진실해야 합니다. 의무감 때문에 억지로 사과하거나, 거짓으로 사과해서는 안 됩니다. 사과의 언어를 연습해 보십시오.

1. "미안해."

이 한마디로 시작하십시오.

그리고 미안한 이유를 구체적으로 덧붙이십시오. "_____해서 미안해." 구체적으로 말할수록 상대방과 의사소통이 잘되고, 그를 얼마나 힘들게 했는지 더 잘 이해할 수 있게 됩니다. 상대방은 자신이 어떤 기분인지 명확하게 표현할 수 있게 됩니다. "놀러 가서 너랑 시간을 보내지 않았던 것, 미안해."라고 하면 친구가 이렇게 대답하며 여러분을 놀라게 할 수도 있습니다. "아니, 그래서 화난 게 아니야. 네가 같이 가자고 해놓고 막상 가서는 다른 사람에게 나를 소개하지도 않고 없는 사람처럼 대했잖아."

'하지만'이라는 말을 쓰지 마십시오. 진실한 사과는 그 자체로 끝나야 합니다. 어떤 상황에서도 '하지만'이라는 말이 뒤따라서는 안 됩니다. ("내가 너한테 했던 말들 전부 다 미안해. 하지만 네가 먼저 짜증 나게 굴었단 말이야.") '하지만'을 붙이면 상대방에게 책임을 돌리는 격이 됩니다. 이는 사과가 아니라 공격입니다.

변명하지 마십시오. 사과한 후 변명을 늘어놓으면 그 사과는 없던 일이 됩니다. ("학교에 너만 남겨 두고 와서 미안해. 하지만 윌이 그냥 가자고 해서 그런 거야.")

"미안해."라는 말은 여러분의 어떤 행동이 상대를 고통스럽게 했는지에 초점을 맞춥니다. 간단하지만 강력한 이 한마디로 시작해 보십시오. "미안해."

2. "내가 잘못했어."

어떤 사람은 왜 그렇게 "내가 잘못했어."라는 말을 하기 힘들어하는 걸까요? 잘못을 인정하는 것을 연약함으로 여기는 탓입니다. 우리는 너무나도 자주 잘못을 합리화하고 정당화합니다. 우리가 한 행동을 그럴듯하게 포장하고 그 이유에 초점을 맞춥니다. 이런 합리화는 종종 다른 사람을 비판하는 형태로 나타납니다.

그러면 사과하기가 어렵게 됩니다. "내가 잘못했어."라는 말은 그 자체로 사과의 진실성을 전해 줍니다.

"우리 아빠는 잘못을 절대로 인정하지 않으세요. 아빠가 위선적이라고 느껴져

요. 아빠는 엄마나 형, 저, 아니면 날씨나 교통 체증을 탓하세요. 항상 다른 사람의 잘못이에요. 그래서 아빠가 미안하다는 말을 하셔도 저한테는 '너 때문에 이렇게 된 거지만 미안하다.'라는 뜻으로 들려요. 살면서 한 번쯤은 잘못을 인정하셨으면 좋겠어요." – 조나단

차마 입이 떨어지지 않는다면 연습하십시오. 할 수 있습니다! "내가 잘못했어."

3. "어떻게 하면 좋을까?"

동생의 펜을 잃어버렸다면 새로 사주십시오.

금요일 저녁 친구와의 약속을 지키지 않았다면 토요일에는 같이 노십시오.

부모님께 거짓말을 했다면 가서 솔직하게 말하십시오.

어떤 실수는 확실하게 해결할 방법이 있습니다. 인간은 마음속 깊은 곳에 무언가를 잘못하면 이를 보상하거나 바로잡아야 한다는 생각을 가지고 있습니다. 공정하지 못하고 균형을 잃은 상태를 되돌리고 싶어 하는 것입니다. 주위 사람들의 사랑의 언어를 알면 관계에서 공정함과 사랑을 회복할 수 있습니다. 그 사람의 제1의 사랑의 언어로 보상을 표현할 수 있기 때문입니다.

인정하는 말이 제1의 사랑의 언어인 사람에게 사과할 때는 그 사람이 얼마나 멋지고 소중한 존재인지 이야기해 주십시오.

봉사가 제1의 사랑의 언어인 사람에게 사과할 때는 세차나 빨래, 청

소 등 어떤 일을 해줌으로써 여러분의 진정성을 증명하십시오.

선물이 제1의 사랑의 언어인 사람에게 사과할 때는 무언가를 선물하며 미안한 마음을 전하십시오. 선물을 통해 그 사람을 생각하고 있다는 것을 표현할 수 있습니다.

함께하는 시간이 제1의 사랑의 언어인 사람에게 사과할 때는 그 사람에게 온전히 집중하십시오.

스킨십이 제1의 사랑의 언어인 사람은 스킨십 없는 사과는 진실하지 않다고 여깁니다. 둘 사이의 거리를 좁히고 싶다면 그 사람에게 포옹을 해주십시오.

상대방의 사랑의 언어로 하는 사과는 그 사람에 대한 여러분의 진심 어린 마음을 전달해 줍니다.

되돌릴 수 없는 상처도 있습니다. 보상이 불가능한 것이지요. 그런 경우에는 "어떻게 하면 좋을까?" 대신 "내가 아직도 너를 사랑한다는 것을 어떻게 보여 줄 수 있을까?"라고 질문하십시오. 친한 친구를 배신했거나, 사람들 앞에서 아빠에게 망신을 주었다면 되돌리기 어려울 것입니다. 그러나 사과의 맥락에서 그 사람을 사랑한다는 것을 표현할 수는 있습니다.

4. "다시는 안 그럴게."

'뉘우침'이라는 말은 '돌이키다', '마음을 바꾸다'라는 뜻입니다. 변화하기로 선택하는 것이지요.

"제 남자 친구는 다른 여자애들에게 지나치게 다정해요. 대놓고 노닥거리고요. 그냥 친절한 것뿐이라고 하는데, 제가 보기에는 아니거든요. 가장 화가 나는 건 똑같은 실수를 반복한다는 거예요. 제가 상처를 받아서 이야기하면, 남자 친구는 사과하며 다시는 안 그럴 거라고 약속해요. 그리고 똑같은 짓을 반복하죠."
– 애비

애비가 원하는 것은 수없이 하는 사과가 아니라 뉘우침입니다.

진정한 뉘우침은 마음속에서 시작됩니다. 우리는 우리의 행동이 잘못되었고 그 때문에 사랑하는 사람에게 상처를 준 것을 깨닫습니다. 우리는 그런 행동을 계속하고 싶지는 않아 앞으로 달라지기로 결심합니다. 그리고 이 같은 결심을 우리가 상처 준 사람에게 말로 표현합니다. 우리는 잘못을 축소하려 하지 않고 우리의 행동에 전적인 책임을 질 것입니다. 상처받은 사람이 알고 싶은 것은 이것입니다. "앞으로는 달라질 것인가? 아니면 다음 주에도 똑같은 일을 반복할 것인가?" 이 질문에 대한 답은 뉘우침에 있습니다.

5. "날 용서해 줄래?"

용서를 요청하는 것은 3가지 중요한 역할을 합니다.

- 관계가 회복되길 바란다는 것을 나타내 줍니다.
- 나의 잘못을 인정한다는 것을 보여 줍니다.
- 상처받은 사람에게 맡기려 한다는 것을 보여 줍니다.

상대방에게 용서를 강요할 수는 없습니다. 용서는 선택입니다. 관계의 지속 여부는 상대방의 결정에 달렸습니다. 이는 관계 안에서 권력의 균형을 맞추는 데 도움이 됩니다.

어떤 사람들에게는 용서 요청이 없으면 "미안해.", "내가 잘못했어.", "어떻게 하면 좋을까?", "다시는 안 그럴게."라는 말이 무의미하게 들립니다.

건강한 관계를 원한다면 사과의 기술을 배워야 합니다. 5가지 표현을 진심을 담아 능숙하게 말할 수 있어야 합니다.

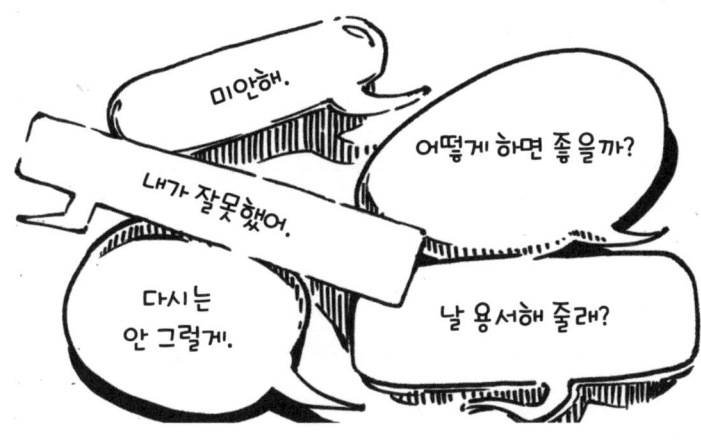

■ **생각해 보세요**

1. 가까운 사람에게 화가 많이 났던 적을 떠올려 보세요. 무슨 일이었나요? 분노를 어떻게 다루었나요? 그 경험으로부터 배울 수 있는 점은 무엇인가요?

2. 다른 사람이 나에게 화가 많이 났던 적을 떠올려 보세요. 무슨 일이었나요? 그 경험으로부터 배울 수 있는 점은 무엇인가요?

3. 분노가 어떤 방식으로 관계에 도움이 될 수 있나요?

4. 어떨 때 분노가 해로워지나요?

5. 분노를 다스리는 법에 대해 다시 살펴보세요. 그중 어떤 것이 가장 어렵나요? 어떻게 개선할 것인가요?

6. 사과의 기술에 대해 다시 살펴보세요. 상처받은 일이 있다면 5가지 표현 중에서 무엇이 가장 와 닿을 것 같나요? 왜 그런가요?

7. 가장 연습이 필요한 표현은 무엇인가요?

8. 좋은 관계를 유지하는 데에는 사과하고 용서하는 것이 필수적입니다. 그 이유는 무엇인가요?

10
사랑은 선택이다

한 가지 비밀을 알려 주겠습니다.

마치 중요한 시험 전날 밤 해답지를 손에 넣게 된 것 같은 기분이 들 것입니다. 이 비밀을 깨닫는 데 수십 년이 걸리는 사람도 있습니다. 평생 깨닫지 못하는 사람도 있습니다. 이 비밀을 깨닫지 못하면 찢어진 가슴을 부여잡고 실망한 채 이런저런 관계 문제로 걸려 넘어지게 됩니다. 지금 이것을 배워 두면 상처받는 일을 피하고, 관계를 더 튼튼히 다질 수 있습니다. 홍보는 충분히 한 것 같으니 이제 이야기하겠습니다.

사랑에 빠진 감정은 오래가지 않습니다.

'그런 사람도 있지만 나는 달라. 내 관계가 어떤지 잘 모르잖아.'라고 반박할 수도 있습니다. 틀렸습니다. 예외란 없습니다. 이것은 불변의 생물학적/정서적/심리적 사실입니다. 사랑에 빠진 감정은 지속하지 않습니다. 이 감정은 길어야 2년 정도 유지됩니다. 그보다 짧을 수도 있습니다. 그다음에는 감정이 원래 상태로 돌아오고, 선택을 해야 하는 순간이 옵니다. 이 관계를 끊고 사랑에 빠진 감정을 느낄 다음 기회를 찾겠습니까, 아니면 진정한 사랑이 무엇인지 알기 위해 노력하겠습니까?

쉽게 포기하는 사람이 아니라는 것을 증명하기 위해 한 사람을 10년간 사귀어야 한다는 말이 아닙니다. 잘못된 연애 관계를 참고 버텨 낸다고 어떤 이득이 있겠습니까? 자신의 연애관(부모님의 조언에 영향을 받았을 수도 있습니다)에 따라 여러 사람을 만나 보면서 자신을 더 잘 이해하고, 관계를 헤쳐 나가는 방법을 배울 수도 있습니다. 열네 살에 정혼자를 찾아야 한다는 뜻이 아닙니다. 내가 말하고자 하는 바는, 열여덟 살이든 스물여덟 살이든 쉰여덟 살이든, 오래 만나고 싶은 사람을 찾았고 그 관계를 지속하고 싶다면 현실적인 기대를 가져야 한다는 것입니다.

그 현실적인 기대는 사랑에 대한 진정한 정의에 기초하고 있습니다. 사랑은 로맨틱한 배경 음악이 흐르는 상태에서 두 남녀가 반짝이는 눈으로 서로에게 마법처럼 이끌리는 일이 아닙니다. **사랑은 느낌이 아닙니다. 선택입니다.** 사랑은 필요한 것, 원하는 것을 모두 얻어 항상 행복하기만 한 상태가 아닙니다. 사랑은 다른 사람의 필요를 채워 주고, 희생하며, 서로에게 최선이 되는 것만을 바라기로 하는 선택입니다. 그것이 아무리 어려울지라도 말입니다.

엘라와 라이언의 이야기

"너희는 완벽한 커플이야." 모든 친구가 똑같이 말했습니다. 엘라와 라이언도 동의했습니다. 대학교에서 처음 만났던 순간부터 두 사람은 서로에게 마법처럼 이끌렸습니다. 라이언은 성격이 참 좋고, 따뜻한 미소와 넓은 마음을 가진 사람입니다. 그의 외향적인 성격은 사람들의 마음을 자연스럽게 끌어당깁니다. 엘라는 아름다운 외모를 가졌고, 사람들의 말에 귀 기울일 줄 압니다. 그녀는 라이언이 꿈꿔 오던 모험을 함께하는 데 언제나 적극적입니다. 둘은 사랑에 빠졌습니다.

2년 후, 둘은 결혼했습니다.

그리고 2년 후, 둘은 이혼을 생각하고 있습니다.

왜 그럴까요? 2년의 결혼 생활 중에 무슨 일이 일어난 걸까요? 땅을 뒤흔들 만한 큰 사건이 있었던 것은 아닙니다. 세계 경제가 붕괴된 것도, 그들이 살던 아파트에 유해 가스가 나온 것도 아닙니다. 그렇다면 대체 왜 그런 것일까요? 바로 현실 때문입니다. 두 사람 모두 쉽지 않은 직업을 가지고 있었습니다. 그래서 함께 보내는 시간이 점점 줄었습니다. 고급 차를 사고, 비싼 휴양지로 휴가를 다녀서 잔업을 해서라도 빚을 갚아야 했습니다. 대학원도 다니고, 공과금이나 그 외 일상의 잔일들도 처리해야 해서 늘 정신이 없었습니다. 그러면서 사랑에 빠진 단계의 황홀감이 사그라들고 서로를 향한 감정이 점점 흐려지기 시작했습니다. 둘은 결국 함께할 운명이 아니라는 결론에 도달하고 말았습니다.

엘라와 라이언은 선택을 해야 했습니다. 각자의 길을 갈 것인가, 아니면 결혼 생활을 유지하기 위해 애쓸 것인가? 그들이 만약 결혼 생활을 그만두기로 했다면, 나중에 다른 사람을 만나도 비슷한 결과로 이어졌을 가능성이 큽니다. 사랑에 빠진 단계에서 벗어난 이후에도 사랑의 감정을 유지하려면 엄청난 노력이 필요합니다. 이것을 알지 못한다면 다른 상대를 만나도 결과는 같을 것입니다.

두 사람은 망가진 그들의 결혼 생활을 다시 일으켜 보기로 했습니다. 처음에 라이언은 자신이 없었습니다. 엘라는 함께 노력해 보자며 차분하게 그를 설득했습니다. 그들은 우선 서로의 정서적 필요를 채우지 못하고 있다는 것을 인정하기로 했습니다. 그들의 사랑 탱크는 텅 비어 있었습니다. 그다음에는 서로의 사랑의 언어를 배우고 그것을 사용하기로 했습니다.

라이언은 엘라의 제1의 사랑의 언어가 인정하는 말임을 알게 되고는, 엘라를 위해 인정하는 말을 구사하려고 많은 에너지를 쏟았습니다. 그는 이제까지 엘라를 제외한 다른 사람들에게는 인정하는 말을 충분히 사용하고 있었습니다. 엘라는 사실 라이언을 처음 만난 순간부터 그의 인정하는 말에 이끌렸습니다. 라이언에게서 사랑의 말을 다시 듣게 되자 그녀가 바뀌기 시작했습니다. 항상 지쳐 있고 신경이 예민하던 엘라는 다시 에너지 넘치고 다정한 모습으로 돌아왔습니다.

엘라는 라이언의 제1의 사랑의 언어가 함께하는 시간임을 알게 되고는, 다른 사람들을 돕는 데 개인 시간을 할애하지 않기로 했습니다. 친구가 집 안 페인트칠을 할 때 도움을 요청할지도 모르지만, 라이언과 함께 시간을 보내는 것이 더 중요하다고 생각했습니다. 또한, 수입을 늘리기 위해 사진 촬영을 한 건 더 할 수도 있지만, 그보다는 결혼 생활에 더 신경 써야 한다고 생각했습니다. 함께하는 시간을 통해 라이언은 다시 사랑받는다고 느끼게 되었습니다.

엘라와 라이언은 운이 좋은 사람들입니다. 그들은 스물네 살에 진정한 사랑에 대해 배웠고, 덕분에 결혼 생활을 지켜 낼 수 있었습니다. 사랑에 빠진 단계의 황홀감은 오래가지 않습니다. **사랑에 빠지는 것과 사랑을 유지하는 것은 다릅니다.** 사랑이 오래 지속하려면 노력이 필요합니다. 언젠가 여러분도 사랑에 빠지고 결혼할 수 있습니다. "사랑에 빠진" 감정은 얼마 가지 않아도, 진정한 사랑은 오래 지속한다는 것을 알게 될 것입니다.

알렉시스 가족의 이야기

부모님의 결혼 생활을 보면서 너무나도 실망한 알렉시스는 결혼을 하고 싶다는 마음이 들지 않았습니다. 알렉시스의 부모님은 서로를 증오했습니다. 자녀 때문에 참고 살았을 뿐입니다. 모든 사람이 그 사실을 알고 있었습니다. 아빠는 위층, 엄마는 아래층에 살았습니다. 그들은 공과금을 내거나 그 밖에 다른 일을 처리해야 할 때만 가끔 대화했습니다. "수도세는 이미 냈나요? 토요일에 알렉시스의 수영부 모임이 있어요. 데려다줄 수 있겠어요? 그리고 차고 내 자리에 당신 차 좀 대지 말아요." 부모님은 알렉스를 사랑했지만, 서로의 존재를 분명 좋아하지 않았습니다. 밖에서는 서로 거리를 지켰습니다. 알렉시스의 모임에 와서도 떨어져 앉았습니다.

알렉시스의 부모님은 함께한다는 개념은 이해하지만, 사랑의 의미는 이해하지 못했습니다. 많은 관계가 치유받지 못하고 서서히 무너져 가고 있습니다. 단순히 참고 버틴다고 사랑이 회복되지는 않습니다.

대학 진학 후, 알렉시스는 부모님의 결혼 생활을 좀 더 객관적으로 바라볼 수 있게 되었습니다. 그녀의 부모님은 각자의 고집을 꺾지 못한 채 상대방의 사랑의 언어를 배우려 하지 않았습니다. 그리고 서로에게 상처를 주었습니다. 옳은 일을 하고 싶었지만 어떻게 해야 할지 몰랐던 것입니다. 혼자 상담에 관한 공부를 하면서 알렉시스는 진정한 사랑에는 헌신이 필요하지만 그것이 전부는 아니라는 것을 배웠습니다. 그녀는 행복한 결혼 생활을 유지하고 있는 삼촌, 숙모 부부와 함께 시간을 보내면서, 사랑에 대해 다시 정의할 수 있었습니다. 지루함, 숨 막힘, 의무감, 무기력, 단조로움은 사랑이 아니라는 것을 배우며 진정한 사랑에 대해 이해하기 시작했지요. 그리고 상대방의 사랑의 언어로 소통해야 한다는 것을 깨달았습니다.

사랑은 의지의 행동이다

사랑은 감정/호르몬/느낌에 의한 행동이 아니라 마음/정신/의지의 행동입니다. 실제로 느낌에는 오해의 여지가 많습니다. "만물보다 거짓되고 심히 부패한 것은 마음이라 누가 능히 이를 알리요마는"(렘 17:9).

"마음이 시키는 대로", "느낌 가는 대로" 하라는 조언을 듣기도 하는 데, 이는 별로 도움이 되지 않습니다. 느낌대로 따라가다가는 절벽 아래로 떨어질 수 있습니다. 엄마가 오늘도 가족을 위해 다시 한 번 저녁 식사를 차려야겠다는 '느낌'이 들어 식사를 준비한다고 생각합니까? 여러분은 가족을 항상 사랑하고 싶다는 '느낌'이 드나요? 나쁜 마음이 들 때는('저 청바지를 몰래 가져가자. 친구 모르게 험담을 하자. 남자 친구에게 거짓말을 하자.) 단호하게 거부해야 합니다. "안 돼! 조용히 해."

  행동은 감정을 앞섭니다. 마음은 거리낌 없이 그 뒤를 따라갑니다. 최선이라고 생각하는 것을 선택한다면, 마음은 결국 따라오게 되어 있습니다. 예를 들어, 동생과 사이가 좋지 않다고 해봅시다. 여러분은 동생의 사랑의 언어가 인정하는 말임을 압니다. 그러면 동생에게 마음 가는 대로 잔인한 말을 던지고 그 순간을 즐길 수 있습니다. 아니면 동생에게 힘이 되는 말을 건네며 사랑을 표현하기로 선택할 수 있습니다. 마음이 영 내키지 않을 수도 있고, 동생이 당황해할 수도 있겠지만, 여러분 덕분에 동생의 사랑 탱크가 차오르기 시작할 것입니다. 사랑을 지키기로 선택하면 마음도 결국 따라오게 됩니다. 그러다 보면 저절로 동생을 사랑하고 싶어지고, 올바른 선택에 스스로 만족하게 될 것입니다.

  우리의 감정은 항상 전시 상태입니다. 여러 가지 감정이 서로 우위를 차지하기 위해 싸웁니다. 내면에서 큰 충돌을 일으킵니다. **가까운 사람에게 있어서만큼은 항상 사랑을 택하십시오. 변덕스러운 감정을 따라가지 마십시오.**

사랑의 언어를 구사하기 어렵다면?

나는 종종 이런 질문을 받습니다. "그렇지만 박사님, 상대방의 사랑의 언어가 제게 자연스럽지 않으면 어떻게 하나요?"

그러면 보통 나는 "그럼 어떡할 건데요?"라고 대답합니다.

내 아내의 사랑의 언어는 봉사입니다. 아내는 내가 카펫 청소를 하면 가장 기뻐합니다.

청소하는 일이 내게 처음부터 자연스러웠던 것은 아닙니다. 사실 나는 청소가 싫습니다. 나의 어머니는 늘 나에게 청소를 시키셨습니다. 나는 중고등학교 시절 토요일에 집 안 청소를 끝내지 않으면 외출을 할 수 없었습니다. 그때 나는 '나중에 독립하기만 하면 절대 청소하지 않을 거야.'라고 다짐했습니다.

나는 지금 집 안 청소를 정기적으로 하고 있습니다. 아내를 사랑하기 때문입니다. 아무리 돈을 많이 주어도 나는 청소를 하지 않을 것입니다. 하지만 사랑을 위해 합니다. 아내도 내게 청소가 자연스러운 일이 아님을 알기 때문에 더더욱 훌륭한 사랑의 표현이 됩니다.

개인의 편안함은 중요한 문제가 아닙니다. 사랑이란 누군가를 위해 하는 것입니다. 가까운 사람의 사랑의 언어를 알게 되었다면 그것이 자연스럽든지 부자연스럽든지 사용하기로 결심해야 합니다. 그 언어로 말할 때 마음속이 따뜻해지는 기분이 들지 않아도 괜찮습니다. 상대방을 위한 일이니 말입니다. 사랑은 선택입니다.

■ **생각해 보세요**

1. 사랑에 빠진 단계의 황홀감은 오래가지 않습니다. 이는 현재와 미래의 연애 관계에서 현실적인 기대를 하는 데 어떠한 도움을 줄까요?

2. 사랑은 의지의 행동입니다. 마음 내키지는 않지만 사랑을 선택했던 경험이 있다면 이야기해 보세요.

3. 마음은 사람을 속일 수 있습니다. 나의 경험에 비추어 볼 때 이 말이 사실인 것 같나요?

4. 맞다고 '느껴지는' 것과 맞다고 '아는' 것 중에 무엇을 택해야 할까요? 그 이유는 무엇인가요?

부록 1
사랑의 언어 Q&A

Q1 나의 제1의 사랑의 언어를 알 수 없으면 어떻게 합니까?

A1 포기하지 마십시오. 분명히 발견할 수 있습니다. '5가지 사랑의 언어 검사'를 풀어 보십시오. 자신을 파악하는 데 큰 도움이 될 것입니다.

해당하지 않는 항목을 하나씩 지워 나가는 것도 괜찮은 방법입니다. 설명을 읽으면서 이것은 절대 내 언어가 아니라고 생각한 것이 있을 수 있습니다. 그렇다면 그 언어를 빼고 4가지가 남은 것입니다. 이런 식으로 두세 개는 지울 수 있습니다.

7장에서 소개했던 방법도 있습니다.

1. 자신의 행동을 관찰하십시오. 다른 사람들에게 사랑을 표현할 때 자주 사용하는 방법이 무엇입니까?
2. 자신이 다른 사람들에게 어떤 부탁을 하는지 살피십시오. 그들이 무엇을 해주기 바랍니까?
3. 자신의 불평에 귀를 기울이십시오. 관계에서 무엇이 여러분을 괴롭게 합니까?
4. 이렇게 자문해 보십시오. "이상적인 연애 관계란 어떤 모습일까?" "나는 친구의 어떤 부분이 가장 마음에 드는 걸까?"

이 전략들은 여러분의 제1의 사랑의 언어를 발견하는 데 단서가 되어 줄 것입니다.

Q2 나이가 들면 제1의 사랑의 언어도 변합니까?

A2 아닙니다. 눈동자 색처럼 제1의 사랑의 언어도 여러분의 일부나 마찬가지입니다. **제1의 사랑의 언어는 평생 변하지 않을 확률이 높습니다.** 성격 특성이 어릴 때 생겨 지속하는 것과 같습니다. 예를 들면, 정리 정돈을 잘하는 사람은 어렸을 때도 정리를 잘했을 가능성이 큽니다. 성격이 느긋한 사람은 어렸을 때도 그랬을 것입니다. 성격 특성들이 거의 그렇습니다.

살다 보면 다른 사랑의 언어가 매력적으로 보일 때가 있습니다. 학업으로 굉장히 많은 스트레스를 받고 있다고 합시다. 잠을 제대로 자지도 못하고, 숙제를 따라가기도 어려운 상황입니다. 인정하는 말이 여러분의 제1의 사랑의 언어라도 이 시기에는 봉사가 아주 매력적으로 다가올 수 있습니다. "사랑해."라는 말을 들으면 여전히 기분이 좋지만, 가족에게 직접 도움을 받을 때 더 엄청난 고마움을 느끼게 됩니다. 이때는 봉사가 여러분의 제1의 사랑의 언어가 된 것처럼 보일 것입니다. 그러나 인정하는 말이 사라지면 여러분의 사랑 탱크가 금세 바닥을 보일 것입니다.

위기 상황도 제1의 사랑의 언어에 영향을 줄 수 있습니다. 예를 들어,

가까운 사람이 죽었을 때는 그 어느 때보다 많은 포옹을 받을 것입니다. 스킨십이 제1의 사랑의 언어가 아니라도 그때는 포옹이 가장 의미 있게 느껴질 것입니다. 슬픔에 빠졌을 때 누군가가 안아 주면 사랑받는다고 느끼게 됩니다. 스킨십이 여러분의 제1의 사랑의 언어는 아니지만 그런 순간에는 아주 의미 있는 것이 됩니다.

제1의 사랑의 언어는 평생 변하지 않지만, 시간이 지나면서 다른 방식을 선호할 수 있습니다. 10년 전에는 도시락 가방에서 재미있는 농담이 적힌 쪽지를 발견하면 즐거워했을지 모릅니다. 부모님과 껴안는 것을 좋아했을 수도 있습니다. 그러나 현재 제1의 사랑의 언어는 바뀌지 않았어도 취향이 달라졌을 수 있습니다.

Q3 5가지 사랑의 언어는 모든 사람에게 적용됩니까?

A3 물론입니다. 어린 사촌 동생에서부터 증조할머니에 이르기까지 모든 사람에게 적용됩니다. **모든 사람이 사랑 탱크를 가지고 있고, 한 가지 사랑의 언어를 통해서 더욱더 특별한 사랑을 느낍니다.**

다니엘은 사랑을 많이 받으면서 자랐습니다. 다니엘의 부모는 다니엘이 네 살 되던 해 이혼했으나 다니엘에게 충분한 사랑을 주기 위해 특별히 더 노력했습니다. 아들에게 무조건적인 사랑을 보여 주기 위해 그들은 다니엘의 제1의 사랑의 언어인 스킨십을 어마어마하게 구사했습니다. 거기에 나머지 언어도 적절히 섞어서 사용했습니다. 그 결과는 어떨까요? 다니엘은 어느덧 어엿한 열일곱 살 소년이 되었고, 주위 사람들과 건강한 관계를 맺고 있습니다.

미아의 부모는 딸을 사랑하지만 표현에는 매우 서툴렀습니다. 미아는 자신이 사랑받는다는 것을 알았지만 정작 그렇게 느끼지는 못했습니다. 미아는 사실 부모의 애정이 자신의 성취에 따라 달라진다고 느끼고 있었습니다. 미아의 부모는 미아가 무언가를 잘했을 때만 기뻐하고, 그저 그렇거나 실패했을 때는 차갑게 반응했습니다. 고등학교 2학년이 되었을 즈음 미아는 사랑을 잘못된 방향으로 찾아 헤매기 시작했습니다. 미아의 사랑 탱크는 텅 비어 버렸고, 이는 분노, 반항, 성적 저하 등의 문제로 이어졌습니다.

5가지 사랑의 언어는 모든 사람에게 적용되며, 거의 모든 것에 영향을 줍니다. 사랑 탱크가 텅 비면 문제가 발생하지만, 가득 차면 사랑을 주고받는 건강한 관계가 형성됩니다. 이는 자아상과 자존감, 그리고 삶에 대한 만족감과 성공에 큰 영향을 줍니다.

Q4 어떤 언어가 나에게 너무 어려우면 어떻게 합니까?

A4 걱정하지 마십시오. 5가지 사랑의 언어는 모두 배울 수 있습니다. 노력이 필요할 뿐입니다.

학업을 예를 들어 살펴봅시다. 어떤 사람에게는 책 읽는 일이 쉽고 재미있게 느껴집니다. 어떤 사람에게는 마치 고문처럼 여겨집니다. 하지만 학교에서는 읽는 재능을 타고나지 않은 사람도 책을 읽어야 합니다. 수학도 마찬가지입니다. 선천적으로 수학적인 두뇌를 가진 사람도 있고, 정말 애를 써야 겨우 기본 과정을 통과하는 사람도 있습니다. 수학을 어려워하는 학생더러 수학 교수가 되는 것을 목표로 하라고 하지는 않습니다. 다만 기본 교과 과정은 통과하도록 노력해야 합니다.

같은 논리를 사랑의 언어에도 적용할 수 있습니다. 무언가가 자연스럽게 되지 않는다고 그것을 배워서는 안 된다거나 배울 수 없다고 생각해서는 안 됩니다. 오히려 배우려는 진정한 동기를 가질 수 있습니다. 형과 같이 가까운 사람의 사랑의 언어를 배우는 것은 값진 투자가 됩니다. 10년 후 새 아파트로 이사를 간다면 누가 여러분을 도와 짐을 옮겨 줄 것 같습니까? 형일 것입니다. 20년 후 차가 고장 나 여러분의 아이가 다리를 다치고, 집 수도관이 터지면 누가 여러분 옆에 있을 것 같습니까? 형일 것입니다.

조금 어렵게 느껴지더라도 사랑의 언어는 충분히 배울 만한 가치가 있습니다. **사람에게 투자하면 언제나 평생의 보상을 얻습니다.**

작은 행동부터 실천하십시오. 형의 제1의 사랑의 언어가 인정하는 말이라면, 처음부터 형에 대해 30분 동안 연설할 생각은 하지 마십시오. 다정한 말 한마디나 문자 메시지 한 통이면 됩니다.

- "오늘 같이 놀아서 좋다."
- "형은 페널티 킥에 참 강해."
- "셔츠 멋지다. 잘 어울려."

세 문장 모두 아주 간단합니다. 이 정도는 할 수 있을 것입니다. 의지를 가지고 조금만 연습하면 형에게 정기적으로 진정한 마음이 담긴 말을 해줄 수 있을 것입니다. 그 결과는 어떨까요? 형과의 유대가 끈끈해져 앞으로 여러분에게 도움이 필요할 때마다 형이 큰 의지가 되어 줄 것입니다.

Q5 5가지 사랑의 언어를 어떻게 해서 발견하게 되었습니까?

A5 수년에 걸친 상담 경험에서 발견하게 되었습니다. 시간이 지나면서 나는 어떤 패턴이 있음을 깨닫게 되었습니다. 한 사람에게는 사랑받는 느낌을 주는 것이 다른 사람에게는 그렇지 않을 수도 있었습니다. 그래서 그간 메모한 노트를 읽으면서 이에 대한 답을 찾으려고 했습니다. "누군가 사랑받고 싶어 할 때 그가 진정으로 원하는 것은 무엇일까?" 그러자 그 대답이 5가지로 분류되었습니다. 나중에 나는 그것을 '5가지 사랑의 언어'라고 부르게 되었습니다.

그다음 나는 이 언어들을 워크숍에서 소개했습니다. 그러자 그곳에 모인 사람들이 왜 서로에게서 멀어졌는지 그 이유를 깨달았습니다. 그들이 서로 제1의 사랑의 언어를 찾아서 말하기 시작하자 정서적 분위기가 놀랍게 변했습니다.

그리하여 이 개념을 소개하는 책을 써서 직접 만나지 못하는 사람들을 도와주기로 했습니다. 현재 이 책의 영어판만 1,000만 부 이상이 판

매되었고, 40여 개 언어로 번역되었으니 나의 노력은 충분히 보상되고도 남은 셈입니다.

Q6 5가지 사랑의 언어가 왜 그토록 관계에 중요합니까?

A6 **우리의 가장 깊은 정서적 욕구는 사랑받고 싶은 것입니다.** 인간으로서 타고나는 부분입니다. 우리는 가장 가까운 사람들에게 사랑받아야 합니다. 사랑을 느끼면 역경을 헤쳐 나갈 힘을 얻게 되고 온 세상이 환해집니다. 반면에 사랑을 느끼지 못하면 외로움과 고독에 빠지게 되고 세상이 어두워집니다.

문제는 여기에 있습니다. 사람들이 여러분을 사랑해도 여러분은 그렇게 느끼지 않을 수 있습니다. 누군가 여러분에게 선물이나 함께하는 시간을 통해 사랑을 표현해도 여러분은 거기에 반응하지 않을 수 있습니다. 여러분이 봉사를 통해 사랑을 표현해도 상대방은 그것을 느끼지 못하는 사람일 수도 있습니다.

그럴 때는 상대방의 사랑의 언어로 소통해야 합니다. 가족과 친구들이 서로 제1의 사랑의 언어로 말하기 시작하면 그들 모두 긍정적으로 변화하는 감정에 놀라게 될 것입니다. 사랑 탱크가 가득 차 있다면 갈등을 이겨 낼 수 있습니다. 정서적으로 긍정적인 분위기를 만들고, 서로 도우며 격려하게 됩니다.

사랑받는다고 느낄 때 세상에 못할 일이란 없습니다.

Q7 나는 상대방의 언어를 말하지만, 상대방은 나의 언어를 알고도 말하지 않으면 어떻게 해야 합니까?

A7 사랑은 선택입니다. 사랑은 부탁할 수 있지만 명령할 수는 없습니다. 상대방이 여러분의 사랑의 언어를 말하지 않는 이유가 있을 수 있습니다. 서로를 헐뜯기 바쁜 가족과 사는 사람은 인정하는 말로 사랑을 표현하고 싶지 않을 수도 있습니다.

여러분의 사랑의 언어를 말하기를 거부하는 사람과는 결국 거리가 멀어질 수 있습니다. 어떤 친구에게 특별히 친밀감을 느껴도 둘 사이가 기본적으로 단절되어 있다면, 아마 그는 친한 친구가 아니라 그냥 친구일 것입니다. 여러분의 사랑의 언어를 배우기를 거부하는 사람과 결혼하고 싶지는 않을 것입니다. 이는 누구나 마찬가지일 것입니다.

물론 상대방이 평생을 함께해야 하는 사람이라면 (가족처럼) 일방적으로라도 계속해서 사랑해야 할 수 있습니다. 언니가 스물아홉 살에 사별하여 두 딸을 둔 싱글맘이 되었다고 합시다. 언니에게는 여러분에게 줄 수 있는 사랑이 많지 않을 수도 있습니다. 하지만 괜찮습니다. 여러분의 정서적 필요는 다른 데서 채울 수 있습니다. 이를 알면 계속해서 언니를 사랑할 수 있을 것입니다.

사랑은 선택입니다. 사랑은 동사입니다.

부록 2
5가지 사랑의 언어 검사

여러분의 제1의 사랑의 언어는 무엇입니까? 이미 짐작되는 것이 있습니까? 아니면 전혀 모르겠습니까? '5가지 사랑의 언어 검사'를 이용하면 여러분의 제1의 사랑의 언어를 알 수 있을 것입니다.

설문지는 총 30개의 문항으로 구성되어 있습니다. 하나하나 읽고 여러분에게 가장 의미 있는 것을 나타내는 문장을 고르십시오. 두 문장 다 여러분의 상황에 부합할 경우에는 평소에 여러분이 가장 의미 있다고 생각한 것을 담은 문장을 고르십시오. 정확한 결과를 위해 하나만 선택하십시오. 문장을 골랐으면 오른쪽의 글자에 동그라미를 치십시오.

설문지에서 서술하는 대상은 여러분이 사랑하는 사람들입니다. 5가지 사랑의 언어를 생각할 때면 우리는 낭만적 관계를 떠올리기 쉽습니다. 그러나 우리는 다양한 상황과 관계에서 사랑과 애정을 표현합니다. 형제자매, 부모, 남자 친구/여자 친구, 친한 친구, 선생님 등 자신과 가까운 소중한 사람들을 생각하면서 설문지를 작성하십시오.

마음이 편안한 상태에서 시작하십시오. 서두르지 마십시오. 선택을 마친 후에는 처음으로 돌아가서 A, B, C, D, E가 각각 몇 개인지 세어 설문지 끝에 있는 빈칸에 기록하십시오. 그다음 '검사 결과 해석'을 확인하십시오.

행운을 빕니다. 이 시간을 즐기십시오!

1	사람들과 일대일로 시간을 보내는 것이 좋다.	B
	누군가 내게 실제적인 도움을 줄 때 사랑받는다고 느낀다.	D

2	사람들에게서 선물을 받는 것이 좋다.	C
	가까운 사람들과 어울려 노는 것이 매우 즐겁다.	B

3	가까운 사람이 내 어깨에 팔을 두르면 사랑받는다고 느낀다.	E
	가까운 사람에게서 선물을 받을 때 사랑받는다고 느낀다.	C

4	나에게는 눈에 보이는 사랑의 상징(선물)이 아주 중요하다.	C
	사람들이 인정해 줄 때 사랑받는다고 느낀다.	A

5	가족이나 친구와 시간을 보내는 것이 좋다.	B
	가족이나 친구에게서 작은 선물을 받는 것이 좋다.	C

6	인정하는 말이 중요하다.	A
	누군가 나를 도와주면 그 사람이 나를 사랑한다고 생각한다.	D

7	나는 나를 인정하는 내용의 쪽지를 받길 좋아한다.	A
	나는 안기는 것이 좋다.	E

8	친구나 가족과 함께 있거나 함께 어떤 일을 하는 것을 좋아한다.	B
	친절한 말을 들을 때가 좋다.	A

9	상대방이 하는 말보다 그 사람의 행동이 내게 더 큰 영향을 준다.	D
	포옹을 하면 친밀한 느낌, 상대방이 나를 소중히 여긴다는 느낌이 든다.	E

10	나는 칭찬을 소중히 여기고 비판을 피하려 든다.	A
	커다란 선물 하나보다 작은 선물 여러 개가 더 의미 있다.	C
11	누군가와 함께 이야기하거나 뭔가를 같이하면 그가 가깝게 느껴진다.	B
	친구나 가족이 나를 자주 만져 주면 더욱 친밀감을 느낀다.	E
12	사람들이 내가 한 일을 칭찬할 때 고맙다는 생각이 든다.	A
	사람들이 나를 위해 하기 싫은 일을 할 때 그들의 사랑을 느낀다.	D
13	친구나 가족이 포옹하면서 인사해 주는 것이 좋다.	E
	사람들이 내 말을 경청하고 내 말에 진정한 관심을 보이는 것이 좋다.	B
14	친구나 가족이 내 일이나 숙제를 도와줄 때 그들의 사랑을 느낀다.	D
	친구나 가족에게서 선물을 받는 것이 정말 좋다.	C
15	사람들이 내 외모를 칭찬하는 것이 좋다.	A
	사람들이 내 기분을 이해하기 위해 시간을 낼 때 사랑받는다고 느낀다.	B
16	가까운 사람이 나를 만져 줄 때 안정감을 느낀다.	E
	봉사를 받으면 사랑받는다고 느낀다.	D
17	사람들이 나를 위해 하는 많은 일에 감사한다.	D
	사람들이 나를 위해 만든 선물이 소중하다.	C
18	누군가의 온전한 관심을 받을 때 기분이 정말 좋다.	B
	누군가 나를 위해 봉사할 때 기분이 정말 좋다.	D

19	사람들이 나를 도와주기 위해 일할 때 사랑받는다고 느낀다.	D
	사람들이 나를 만질 때 사랑받는다고 느낀다.	E
20	생일에 선물로 축하를 받을 때 사랑받는다고 느낀다.	C
	생일에 뜻깊은 말로 축하를 받을 때 사랑받는다고 느낀다.	A
21	상대방이 선물을 주면 그 사람의 특별한 마음이 느껴진다.	C
	상대방이 나의 허드렛일을 도와줄 때 사랑받는다고 느낀다.	D
22	가까운 사람들과 어딘가 가는 것이 좋다.	B
	좋아하는 사람과 포옹, 하이파이브 등을 하는 것이 좋다.	E
23	누군가 내 말을 끊지 않고 참을성 있게 들어 줄 때 고마움을 느낀다.	B
	누군가 특별한 날을 기억하고 선물을 줄 때 고마움을 느낀다.	C
24	사람들이 내게 관심을 갖고 내 일상의 일을 도와줄 때 기분이 좋다.	D
	가까운 사람과 함께 종일 어디론가 놀러 가거나 여행을 다니는 것이 좋다.	B
25	부모님에게 뽀뽀를 받을 때 사랑받는다고 느낀다.	E
	부모님에게 특별한 이유 없이 선물을 받을 때 사랑받는다고 느낀다.	C
26	고맙다는 말을 듣는 것이 좋다.	A
	대화를 나누는 사람이 나를 쳐다보는 것이 좋다.	B
27	같이 있고 싶은 사람과 가까이 앉는 것이 좋다.	E
	누군가 내가 얼마나 매력적인지 이야기해 줄 때 고마움을 느낀다.	A

28	가까운 사람이 준 선물은 내게 언제나 특별하다.	C
	가까운 사람이 나를 만질 때 기분이 좋다.	E

29	상대방이 내가 요청한 어떤 일을 열정적으로 할 때 사랑받는다고 느낀다.	D
	너무나 고맙다는 말을 들을 때 사랑받는다고 느낀다.	A

30	나는 매일 누가 만져 줘야 한다.	E
	나는 매일 인정하는 말을 들어야 한다.	A

*선택한 A, B, C, D, E 각각의 개수를 기록하십시오.

A _____ B _____ C _____ D _____ E _____

A. 인정하는 말 B. 함께하는 시간 C. 선물 D. 봉사 E. 스킨십

검사 결과 해석

가장 점수가 높은 것이 여러분의 제1의 사랑의 언어입니다. 2가지 언어가 동점이라면 여러분은 2가지 언어를 쓰는 2중 언어 사용자인 것입니다. 가장 높은 점수가 2가지가 나왔는데 두 번째 점수가 가장 높은 점수와 비슷하다면, 두 번째 언어가 여러분의 제2의 사랑의 언어이고, 제1의 사랑의 언어와 마찬가지로 여러분에게 중요합니다. 어떤 언어든 12점이 가장 높은 점수이고, 점수의 총합은 30점입니다. 결과는 이렇게 섞여 있을 수 있습니다. 제1의 사랑의 언어 11점, 제2의 사랑의 언어 9점, 그리고 5점, 3점, 2점. 아니면 제1의 사랑의 언어 12점에 나머지는 6점, 5점, 4점, 3점일 수도 있습니다. 5가지 사랑의 언어가 모두 동등하게 나뉠 일은 없을 것입니다(각 6점씩). 이는 매우 드문 일입니다.

여러분의 제1의 사랑의 언어가 무엇이든 간에 다른 언어들을 무시해서는 안 됩니다. 여러분의 가족이나 친구들이 그 언어들을 가지고 사랑을 표현할 수 있습니다. 그 경우 그 언어를 이해하는 것이 중요합니다. 서로의 사랑의 언어를 구사하면 의사소통이 더 잘 이루어지고, 이해가 증진될 것입니다.

감사의 글

　이 책을 위해 연구하고 글을 쓰느라 많은 노력을 기울인 페이지 헤일리 드리가스에게 큰 빚을 졌습니다. 십대들의 눈높이에 맞게 이 책을 편집해 준 팸 퓨에게도 감사의 말을 전하고 싶습니다. 마지막으로, 지난 수년 동안 개인적인 고민과 기쁨을 함께 나누어 주었던 많은 청소년에게 감사를 전합니다.

― 게리 채프먼

심오한 5가지 사랑의 언어라는 개념을 재미있게 다룰 기회를 준 게리 채프먼에게 감사합니다.

청소년들과 일하는 것이 얼마나 매력적인 일인지 알게 해준 워싱턴 축구팀 소녀들에게 감사합니다.

하비스트 바이블 교회 성도들에게 감사합니다.

내 인생의 친구들, 모라, 제이, 노리, 애니, 티.

언제나 나를 무조건적인 사랑으로 받아주는 나의 사람들, 필, 메기, 벤, 앨리스, 베티.

나의 두 아들. "마음이 청결한 자는 복이 있나니"(마 5:8). "긍휼히 여기는 자는 복이 있나니"(마 5:7).

내 평생의 사랑, 조. 당신은 여전히 항상 내가 가장 함께하고 싶은 사람입니다.

그리고 내가 가장 좋아하는 말씀을 주신 하나님께 감사를 드립니다(렘 15:16).

— 페이지 헤일리 드리가스

사명선언문

너희가 흠이 없고 순전하여……세상에서 그들 가운데 빛들로
나타내며 생명의 말씀을 밝혀 _ 빌 2:15-16

1. 생명을 담겠습니다
만드는 책에 주님 주신 생명을 담겠습니다.
그 책으로 복음을 선포하겠습니다.

2. 말씀을 밝히겠습니다
생명의 근본은 말씀입니다.
말씀을 밝혀 성도와 교회의 성장을 돕겠습니다.

3. 빛이 되겠습니다
시대와 영혼의 어두움을 밝혀 주님 앞으로 이끄는
빛이 되는 책을 만들겠습니다.

4. 순전히 행하겠습니다
책을 만들고 전하는 일과 경영하는 일에 부끄러움이 없는
정직함으로 행하겠습니다.

5. 끝까지 전파하겠습니다
모든 사람에게, 땅 끝까지, 주님 오시는 그날까지
복음을 전하는 사명을 다하겠습니다.

서점 안내

광화문점 서울시 종로구 새문안로 69 구세군회관 1층
02)737-2288 / 02)737-4623(F)

강남점 서울시 서초구 신반포로 177 반포쇼핑타운 3동 2층
02)595-1211 / 02)595-3549(F)

구로점 서울시 동작구 시흥대로 602, 3층 302호
02)858-8744 / 02)838-0653(F)

노원점 서울시 노원구 동일로 1366 삼봉빌딩 지하 1층
02)938-7979 / 02)3391-6169(F)

일산점 경기도 고양시 일산서구 중앙로 1391 레이크타운 지하 1층
031)916-8787 / 031)916-8788(F)

의정부점 경기도 의정부시 청사로47번길 12 성산타워 3층
031)845-0600 / 031)852-6930(F)

인터넷서점 www.lifebook.co.kr